D1215051

Les Éditions du Boréal
4447, rue Saint-Denis
Montréal (Québec) H2J 2L2
www.editionsboreal.qc.ca

L'Autre Modernité

Simon Nadeau

L'Autre Modernité

COLLECTION LIBERTÉ GRANDE

Boréal

© Les Éditions du Boréal 2013
Dépôt légal : 3e trimestre 2013
Bibliothèque et Archives nationales du Québec

Diffusion au Canada : Dimedia
Diffusion et distribution en Europe : Volumen

*Catalogage avant publication de Bibliothèque et Archives nationales du Québec
et Bibliothèque et Archives Canada*

Nadeau, Simon, 1982-

    L'Autre Modernité

    (Collection Liberté grande)

    ISBN 978-2-7646-2282-7

    1. Littérature québécoise – 20e siècle – Histoire et critique. 2. Subjectivité dans la littérature.
3. Modernité dans la littérature. I. Titre. II. Collection : Collection Liberté grande.

PS8101.S92N32   2013   C840.93530904   C2013-941547-5

PS9101.S92N32   2013

ISBN PAPIER 978-2-7646-2282-7

ISBN PDF 978-2-7646-3282-6

ISBN ePUB 978-2-7646-4282-5

Avant-propos

La modernité est ailleurs…

Paul Valéry assimilait l'essai à une « comédie de l'intellect », mais cette comédie est aussi un drame : le « drame de l'esprit » luttant pour advenir à lui-même et se dégager de la pensée commune. Comédie de l'intellect ou drame de l'esprit, l'enjeu est toujours de jeter quelque lumière sur soi et le monde qui nous entoure, car cette lumière est libératrice : sans elle il n'y a que chaos, renoncement et oubli de soi ; sans elle triomphent le ressentiment, l'esprit grégaire et l'amnésie générale. La « comédie » est dans la liberté du regard, son *allure* irrévérencieuse, son pas décidé et solitaire ; le « drame » réside dans la fatalité de cette passion, cette quête infinie de soi et de cette « vérité » entraperçue qui se dérobe, mais sans laquelle on ne saurait vivre.

Regroupés en faisceau autour de l'idée éponyme du recueil, *L'Autre Modernité* est constituée d'une suite d'essais dont chacun pourrait en quelque sorte constituer une « scène », une étape dans cette quête d'une modernité qui serait à la fois plus substantielle et plus profondément émancipatrice pour l'homme d'aujourd'hui. Comme son titre l'indique, ce livre ne vise aucunement à en finir avec la modernité, mais à dégager celle-ci d'une trop forte adéquation avec le monde dit « moderne », qui occulte, plus qu'il ne révèle, ce qui nous semble être le noyau intérieur, le noyau signifiant de cet essor de la modernité : soit l'émergence de l'individu, d'une subjectivité réflexive et d'un espace intérieur.

Il y a là ce que nous pourrions appeler un thème philosophique, mais la littérature, ce royaume intérieur, aussi bien que la philosophie, cette passion de l'idée, irrigueront et nourriront mon questionnement : entreront ainsi en scène, tour à tour, les romans, les récits, la poésie et les essais que je solliciterai, autour desquels une intrigue se nouera, faite d'investigations philosophiques et littéraires.

Plusieurs textes de ce recueil abordent l'œuvre d'écrivains canadiens-français, ce qui a pour effet d'ancrer cette problématique dans l'histoire culturelle du Québec et de questionner le fameux « passage à la modernité » de la littérature et de la société québécoises. Ce « passage » tant chanté (qui relèverait de l'évidence pour certains) est pour moi sujet à caution et à l'exploration d'œuvres littéraires peu étudiées (De Grandpré, Harvey, Toupin), jugées plus traditionalistes (Ringuet) ou marquées par la pensée chrétienne (Saint-Denys Garneau). À l'ombre de la grande Histoire, de la Révolution tranquille et de ses canons littéraires, se pourrait-il que ces œuvres aient encore aujourd'hui quelque chose à nous dire ? Se pourrait-il que, dans leur « inactualité apparente », elles ouvrent la voie à une autre conception de l'histoire et de la littérature, à une autre modernité ?

Car la « modernité » n'est pas toujours là où on s'attend à la trouver. Bien souvent, la modernité est *ailleurs*... Telle servitude bien de notre temps ou telle manifestation grégaire du jour n'ont en effet rien de « moderne », tandis que telle pousse de pensée ou telle œuvre émanant de la culture canadienne-française (pourtant reléguée dans l'oubli) n'auront rien perdu de leur modernité, de leur verdeur et de leur pouvoir disruptif. Or, il s'agit ici non pas d'ajouter une autre couche de déni à l'étude de la culture et de la littérature canadiennes-françaises, mais de se mettre à l'écoute de ces germes de modernité à contre-courant et de ces pousses d'universalité à partir desquels on pourra envisager l'avenir et dessiner les contours d'une *autre* modernité : celle de demain.

Voilà en quelque sorte le pari, ou l'enjeu initial, m'ayant, comme dirait Montaigne, mis en branle et conduit à interroger ces œuvres d'auteurs canadiens-français. Mais cette problématique ne concerne pas uniquement le Québec. La suite de cet essai, par son angle d'approche et les auteurs qu'elle sollicite (Goethe, Nietzsche, Hesse, Rousseau, Descartes, Thoreau), élargit l'horizon à la civilisation occidentale et au monde contemporain dans son ensemble. Nous pouvons alors nous demander si l'essor d'une certaine modernité en Occident, sous l'égide d'un productivisme effréné et d'un technicisme conquérant, ne vide pas celle-ci de son sens en enrégimentant les individus, plutôt que de permettre un véritable essor des singularités. Par le dessein de puissance et de domination du monde qui l'anime, cette modernité, celle qui triomphe aujourd'hui, n'occulte-t-elle pas cet autre monde, celui que chacun porte en lui ? Et ne le dépossède-t-elle pas de sa nébuleuse intérieure et de son désir le plus profond : qui est d'être *quelqu'un* avant d'être utile à *quelque chose* ? Encore une fois, nous constaterons que la modernité est *ailleurs*…

Étrangement, le fait de côtoyer ces grandes figures de l'autre modernité européenne ou américaine, figures aussi « universelles » que Nietzsche, Rousseau ou Thoreau par exemple, ne nous aura pas vraiment éloignés de la problématique soulevée par l'étude des auteurs canadiens-français. Au contraire, chaque fois nous y replongerons, inspirés par la démarche de ces écrivains et penseurs « étrangers » qui, bien sûr, ne seront pas mis à contribution pour écraser les pousses ou les germes d'universalité à contre-courant que l'on trouve dans la culture canadienne-française, mais pour les éclairer. Ce faisant, c'est la *valeur universelle* du noyau le plus substantiel de la culture canadienne-française qui se trouvera interrogé et mis en relief au contact de ces grandes figures de l'autre modernité.

Bref, qu'elle soit canadienne-française, européenne ou américaine, chacune des œuvres abordées ici nous invite à faire un pas de côté, à effectuer un déplacement, à créer un espace intérieur, c'est-à-dire un espace de liberté entre nous et le monde dit « moderne », entre nous et tout ce qui tente de nous réduire, entre nous et toutes les idées reçues. Pourtant, l'essence de la modernité ne se trouve-t-elle pas dans cet *écart,* qui permet de penser soi et le monde en toute liberté… cet écart qui permet de s'inventer en dehors des schémas prédéfinis ? Cette *autre* modernité, plus actuelle ou plus nécessaire que jamais dans son inactualité, c'est celle que je propose au lecteur de ces pages.

PREMIÈRE PARTIE

Un passage ne s'était pas fait

Pourquoi revenir sur ce livre oublié, négligé, jamais réédité quarante-cinq ans après sa parution et aujourd'hui presque introuvable de Pierre de Grandpré ? Cette œuvre solide et réfléchie explore pourtant l'un des moments les plus importants de l'histoire contemporaine du Québec, soit les années de fermentation précédant la Révolution tranquille. Le roman de Pierre de Grandpré *La Patience des justes,* par son style des plus classiques, n'a peut-être pas révolutionné la façon d'écrire un roman au Québec (De Grandpré n'est pas Aquin ni Ducharme), mais ce livre n'en constitue pas moins l'un des efforts les plus vigoureux, conduits avec le plus de lucidité, pour comprendre cette époque et les enjeux liés à l'émancipation de l'individu, et ce, dans une société alors plutôt fermée au reste du monde, repliée sur elle-même et rongée par les conformismes.

Lors de sa publication en 1966, ce livre n'est pas passé inaperçu ; toutefois, bien rusé celui qui aujourd'hui réussirait à mettre la main dessus. Parmi les critiques de l'époque, certaines furent élogieuses, d'autres mitigées ; enfin, certaines furent carrément hostiles – tout dépendant du point de vue d'où l'on se place, n'est-ce pas ? Ce livre en a irrité certains ; d'autres au contraire y ont vu une réussite. Jean Éthier-Blais, homme de culture aux multiples facettes, un autre de nos « classiques » oubliés ou en voie de l'être, y allait quant à lui de ce généreux compliment qui restitue bien, selon moi, la portée et l'enjeu du livre de De Grandpré : « Je ferai à Pierre de Grandpré le plus grand compliment dont je sois capable : il reprend notre monde là où l'abbé Groulx l'avait laissé. Il le reprend et le délivre ; il le démasque. » Et, un peu plus loin, Éthier-Blais ajoutait : « C'est un peu ce que nous propose Pierre de Grandpré : par les mots, une sorte de parturition magique, qui nous forcera à sortir de nous-mêmes pour entrer dans la réalité du monde[1]. » Cette parturition dont Éthier-Blais parle, c'est celle de la naissance de l'individu, libre et autonome, créateur de sa propre vie, dégagé « du sot orgueil des ruches, des termitières, des incubateurs » dans une société « inerte qui ne laissait que peu d'air respirable à l'individu libre[2] », pour reprendre les termes de Pierre de Grandpré.

Que Pierre de Grandpré ait publié en 1966 un roman dont l'action se situe avant la Révolution tranquille, soit en 1955, n'est pas anodin. A-t-il voulu, avant qu'il ne soit trop tard, nous rappeler ce pour quoi et contre quoi des gens comme lui et de sa génération s'étaient battus ? Pierre de Grandpré aurait-il été d'accord avec Jean-Charles Harvey, qui écrivait la même année, dans une introduction aux *Demi-Civilisés*, que le combat pour « la libération de l'esprit » avait été pour lui une lutte bien plus importante et « une libération bien plus précieuse que l'indépendance nationale elle-même[3] » ? Une chose est sûre : dans le roman *La Patience des justes*, De Grandpré semble d'abord et avant tout miser sur l'expression, l'action et l'émancipation individuelles avant de s'en remettre à une quelconque collectivité. Ce franc individualisme, qui n'a cependant rien à voir avec l'égoïsme puisque Étienne Merrin, le héros du livre, se met à dos toute l'élite bourgeoise et bien-pensante de l'époque en accomplissant des actes courageux et généreux,

---

1. Jean Éthier-Blais, *Le Devoir*, 29 octobre 1966.

2. Pierre de Grandpré, *La Patience des justes*, Montréal, Le Cercle du livre de France, 1966, p. 204 et 237.

3. Jean-Charles Harvey, « Introduction », dans *Les Demi-Civilisés*, Montréal, Typo, 2003, p. 11.

porte néanmoins à faux quand on le compare au néo-collectivisme de gauche qui se met en place au milieu des années 1960, avec une revue telle que *Parti pris,* pour remplacer le vieux conservatisme de la droite nationaliste. L'idéalisme, l'individualisme, la patience et le courage d'un Étienne Merrin, accouplés à la hauteur du style de De Grandpré, toujours très classique, jamais relâché, qui a en outre l'outrecuidance de ne rien concéder à la « joualerie » ambiante, auraient-ils donc irrité certains lecteurs de l'époque ? C'est une hypothèse on ne peut plus probable.

Toutefois, il faut admettre que Pierre De Grandpré ne nous a pas tellement aidés à faire en sorte que nous nous rappelions son roman, puisque ce fut le dernier qu'il publia. Peut-être a-t-il suivi en cela le conseil du sage taoïste qui dit de se retirer une fois l'œuvre accomplie... Toujours est-il que le seul autre roman que De Grandpré a publié s'intitulait *Marie-Louise des champs,* et c'était en 1948. Avare de sa plume, De Grandpré n'a pourtant pas hésité à la mettre au service des autres ; et c'est ainsi que les quatre gros tomes de l'*Histoire de la littérature française du Québec,* publiés de 1967 à 1969, sont parus sous sa direction. En fait, son œuvre de critique littéraire a commencé vers le milieu des années 1950, dans les pages littéraires du *Devoir.* Il regroupa la plupart de ses articles sous le titre *Dix ans de vie littéraire au Canada français,* qu'il publia en 1966. Cette vaste activité de critique, s'ajoutant aux différents postes qu'il occupa dans la fonction publique (il fut entre autres directeur général des arts et des lettres au ministère des Affaires culturelles du Québec de 1965 à 1970 et conseiller culturel à la Délégation du Québec à Paris de 1973 à 1976), contribua peut-être à effacer de la mémoire de ceux qui se souviennent encore de lui qu'il fut aussi, à certains moments de sa vie, romancier.

Bien sûr, on pourrait trouver des lacunes à ce roman des plus ambitieux par l'ampleur de la vision qu'il cherche à donner de la société et par les enjeux qu'il soulève. L'action, par exemple, prend un peu de temps avant de se mettre en place. Ce n'est pas le plus « romanesque » des romans que l'on puisse écrire : De Grandpré n'est pas Alexandre Dumas ni Jules Verne. Le langage n'y est pas travaillé comme chez Proust, Gide ou Ducharme. Il n'a pas non plus révolutionné les formes : De Grandpré ne se comparera jamais à Kafka, à Beckett ou à Aquin. En effet. On pourrait également, suivant la manie de bien des critiques littéraires, reprocher au roman de De Grandpré de ne pas être ce qu'il n'est pas ; mais on pourrait aussi essayer de voir ce qu'il est, soit un remarquable effort de lucidité et de compréhension. Sommes-nous si lucides au Québec et si pénétrés de notre histoire récente que nous puissions nous passer de ce roman injustement oublié ? Je n'en suis pas si sûr…

Pour comprendre le rapport à la fois distancié et amoureux d'Étienne Merrin à sa société d'appartenance et à son milieu, il n'est pas inutile de faire remarquer que Pierre de Grandpré a lui aussi, comme son héros, fait de longs séjours à Paris, où il était, de 1946 à 1955 puis de 1957 à 1965, correspondant du *Devoir*. Le roman *La Patience des justes* retrace-t-il, jusqu'à un certain point, le choc du premier retour au pays de De Grandpré au milieu des années 1950 ? Peut-être, mais mon but n'est pas ici de pousser plus loin les conjectures sur les recoupements possibles entre la vie de l'auteur et son roman. Pour mieux comprendre les différents enjeux que soulève l'œuvre, et pour ne pas nous égarer, j'aimerais maintenant la résumer dans ses grandes lignes.

Le personnage principal de ce roman s'appelle donc Étienne Merrin. C'est un jeune intellectuel qui revient au Québec après cinq années passées à étudier et à voyager en Europe, où il collaborait parfois au journal *La Défense,* dont son père, Louis-Rodolphe Merrin, est le directeur. Il arrive au pays avec beaucoup d'ardeur et un esprit combatif : en fait, il brûle de « remodeler » la société dont il est issu et qui est demeurée, tout au long de son séjour, « sa passion vivante ». Par ses écrits, il compte contester « l'immobilisme » qu'il avait fui cinq ans plus tôt pour se former à l'étranger et revenir plus sûr de lui. Toutefois, on s'en doute, Étienne Merrin se heurtera à des obstacles de taille. Cette étrange société qu'il retrouve, celle du Canada français de l'époque, à la fois « tyrannique et maternelle », n'entend pas le laisser exprimer ses idées librement. Son premier article en terre montréalaise sera de fait écarté par le comité de rédaction du journal. Il s'y fera même un ennemi, Henri Dallongues, qui réussira à le discréditer et à l'écarter de l'entreprise. C'est à ce moment qu'Étienne, qui avait déjà repris son travail d'avocat, rencontre Lina, une étrangère vivant seule à Montréal et qui le révélera à lui-même. Cet amour « illicite » déplaira bien sûr à son père, grand bourgeois d'Outremont, « porte-parole tonitruant des simples états de fait », homme du statu quo s'il en fut. Mais Étienne, comme toujours dans ce roman, fera à sa tête, refusant tous les préjugés et les attitudes serviles, au grand dam de son père. Toutefois, il est important de le noter, Étienne n'est pas un révolutionnaire : il respecte malgré tout son père, pour son idéalisme justement, qui, malgré sa rigidité, s'abreuve encore à quelque chose d'authentique. Ceux qu'Étienne méprise le plus, ce sont tous les Dallongues de la terre qui se servent de cet « idéalisme figé » pour asseoir leurs intérêts et se rapprocher des positions de pouvoir.

Là où il y a une filiation malgré tout entre le père et le fils, c'est dans l'idéalisme, dans l'élan qui porte chacun d'eux à aller au-delà de lui-même. Mais Étienne ne veut pas rester dans les idées vagues qui planent au-dessus de la Terre et auxquelles on s'en remet comme à autant de catégories fixées d'avance, nous assurant en quelque sorte d'un monopole de la vérité. Sa soif de justice et de vérité le conduira à prendre la défense d'un employé du journal de son père injustement congédié et accusé d'un meurtre qui n'est pourtant qu'un accident.

Tout ne finira pas bien pour Étienne dans cette société

au conformisme « suprêmement vigoureux », mais, par-delà les défaites immédiates, il semble avoir remporté une victoire. Tandis que son père paraît à la toute fin du roman profondément ébranlé sur ses bases, Étienne sent naître en lui « la vocation d'une radicale anti-paresse ». Malgré l'adversité, le plus intime de sa pensée et de sa personnalité n'a pas été entamé ; au contraire, elles se sont fortifiées. Bref, on n'a pas réussi à le « briser », comme le lui prédisait Dallongues, et un jour ou l'autre, c'est lui et ses idées qui triompheront, d'où le titre du roman, *La Patience des justes*.

Ainsi, toute l'organisation du roman et les conflits qui y sont illustrés gravitent autour de cette lutte pour s'affranchir des contraintes de la collectivité et des actes décisifs qu'il faut accomplir pour en émerger : c'est la parturition dont nous parlions plus tôt. Dans la bouche d'un Étienne Merrin, on obtient donc ceci : « Il y a des moments, dit-il, où il importe justement d'accomplir un acte libre, ce pour quoi même l'on sera sévèrement jugé. Pour se sentir exister comme un être autonome, pour accéder à soi, pour aérer un peu le monde, empêcher qu'il ne pourrisse et n'éclate de l'excès de sa pestilence[4]. » Sans ces actes libres posés ici et là dans les années 1950, la Révolution tranquille aurait-elle pu avoir lieu ? Il est permis d'en douter. À travers le cheminement d'Étienne et les obstacles qu'il rencontre, ce sont toutes les années de fermentation de la Révolution tranquille que l'on revit avec lui, en même temps qu'on assiste à la naissance d'un individu : Étienne Merrin, capable de ces actes décisifs et d'une ouverture à l'autre qui transcende les appartenances ataviques. De Lina « l'étrangère » et d'Étienne, voici ce qui est dit :

> Il avait cessé de jouer les hôtes magnanimes, d'ouvrir sa
> porte et de faire valoir ses refuges contre les bourrasques et

---

4. Pierre de Grandpré, *La Patience des justes*, p. 345.

les intempéries du dehors. Ils se retrouvaient deux êtres humains égaux, tous deux exilés et tous deux seuls au monde, comme on l'est toujours, pensait-il à présent, dès que l'on a perdu le sot orgueil des ruches, des termitières, des incubateurs ; dès qu'on a assumé sa mesure et ses tâches propres[5]…

Ne serait-ce que pour cette conquête d'une plus grande liberté et d'un rapport à l'autre plus authentique, dépouillé des préjugés qui peuvent l'entraver, ce roman mériterait d'être lu. Ne serait-ce que pour entrevoir « cette vocation d'une radicale anti-paresse » et risquer d'être contaminé par elle, il le mériterait encore. Mais cette œuvre mériterait aussi d'être lue parce qu'elle est encore plus subtile que ce que je viens d'en dire. Si Étienne lutte contre son milieu d'appartenance, il n'est pas pour autant de ceux qui voudraient faire table rase du passé, comme certains de ces jeunes révolutionnaires qu'il rencontrera sur son chemin. Car ces derniers, dans leur révolte même, resteraient prisonniers des idéaux qu'ils contestent, ne pouvant s'en défaire qu'en leur opposant d'autres absolus tout aussi contraignants, des *absolus à rebours,* oserais-je dire. Le danger de la politique de la table rase, comme de toutes les révolutions (tranquilles ou non), ne serait-il pas justement de perpétuer certaines structures et certains schèmes de pensée, dans la mesure même où ces « révolutions » prétendraient en finir avec ce qui fut, se refusant ainsi à *penser* ce qui mériterait de l'être, avec toute la prudence et la circonspection que demande le réexamen des valeurs qui ont cours dans une société donnée ? Nombreux sont les intellectuels et les créateurs dans les années 1960 au Québec qui crurent pouvoir tirer un trait sur le passé honni. Celui-ci fut donc condamné à rester dans l'ombre d'un impensé. Ce fai-

---

5. *Ibid.,* p. 204.

sant, c'est la réalité *nouvelle,* celle qui tentait d'émerger, qui est restée pour une large part impensée – la réalité de l'homme nu, dépouillé, rendu à lui-même, qui justement s'impose peu à peu à notre conscience au fil de la lecture du livre de Pierre de Grandpré, qui non seulement pense l'émergence du sujet moderne en la mettant en scène, mais fait de ce sujet le lieu de toutes les tensions entre l'Ancien et le Nouveau.

En fait, l'intention d'Étienne Merrin aurait été de ménager un passage à la modernité à sa société sans pour autant la trahir dans ce qu'elle a de meilleur ni la liquider. Ce qui le frappe en effet le plus profondément à son retour de France, dans le Québec des années 1950, c'est « la coupure, la discontinuité, la rupture » entre ces deux mondes, l'ancien et le nouveau, qui se superposent dans la société de l'époque sans qu'aucune passerelle n'ait été aménagée pour lier l'ancienne société, aujourd'hui sclérosée, avec la nouvelle qui triomphe de plus en plus et qui s'infiltre partout : dans l'économie d'abord, puis dans les consciences, « coupure » que la Révolution tranquille ne fera qu'accentuer. « Les richesses matérielles accumulées » ne sauraient voiler à un œil attentif « l'indigence humaine fondamentale qui est le lot du grand nombre[6] ». Étienne est sensible à cette indigence qui est aussi et surtout une *indigence de la pensée,* de ponts faits entre l'ancien et le nouveau, comme si l'individu, faute d'avoir pensé son émergence, en était réduit à se livrer sans défense à la matière (au monde des choses) ou aux nouvelles idéologies (le néo-collectivisme de gauche et le néo-nationalisme). « Sortant à peine d'un moyen âge spirituel » pour être entraînée dans un processus de modernisation accélérée, cette société, la nôtre, qui avait toujours affiché les plus hauts principes (que ce soit la « mission providentielle » ou la « vocation spirituelle ou intellectuelle »

---

6. *Ibid.,* p. 54 et 20.

de l'Amérique française), en est aujourd'hui réduite, constate Étienne, à « agréer comme des sauveurs des empiristes sans don qui ne la réconcilieraient jamais avec sa vie même ». À part quelques vieux idéalistes attardés comme son père, chacun ne pense déjà plus en réalité « qu'à "faire" de l'argent, par tous les moyens, le plus vite possible[7] ». Les formes tiennent encore le coup (plus pour longtemps), mais le fond prend l'eau de toutes parts. « Un passage ne s'était pas fait » : c'est là le constat d'Étienne, et sans doute aurait-il voulu être l'un de ces passeurs-penseurs dont la société avait cruellement besoin.

Hélas ! il y eut très peu de penseurs au Québec qui se montrèrent à la hauteur de cette tâche, celle de faire revivre l'esprit devenu vieux dans un être de chair et d'os. Beaucoup d'idéologues et de bergers, de sociologues et d'historiens ; peu de penseurs ! J'ai peur que ce soit là le drame de la culture au Québec. La pensée : l'enfant pauvre de la culture québécoise ? À ce titre, il n'est pas étonnant que le roman « réflexif », voire un peu abstrait de Pierre de Grandpré ne fasse pas partie du corpus officiel de la littérature dite « québécoise ». Fondamentalement, la pensée libre, émancipée de la *collectivité,* n'est pas la bienvenue dans la culture au Québec. Comme à l'époque de Harvey, de Buies ou de Dessaulles, elle est toujours crainte, quoi qu'on en dise et aussi « moderne » qu'on se prétende. Sur le plan culturel, la Révolution tranquille aura certes permis d'accoucher d'une nouvelle littérature nationale (comme si c'était d'une nouvelle « littérature nationale » que la culture canadienne-française avait besoin ! avec ses Nouveaux-Bergers, ses Nouveaux-Idéologues, ses Grands-Romanciers et ses Grands-Poètes-Nationaux), mais aura-t-elle été à la hauteur de la tâche *réflexive* qui s'imposait, cette tâche qu'*aucun* groupe, aucune collectivité, si unie et fière soit-elle, ne peut réaliser,

---

7. *Ibid.,* p. 252.

précisément parce qu'il s'agit de penser l'émergence de l'individu, son désancrage, sa liberté retrouvée et élargie ?

Pierre de Grandpré, par son roman, n'aura peut-être pas révélé la société à elle-même comme son héros le désirait, puisque cette dernière s'est détournée de son livre et l'a aujourd'hui pratiquement oublié, mais, pour ceux qui le liront, peut-être y trouveront-ils une façon de rester fidèles à l'idéalisme de l'ancienne société qui s'est effondrée tout en étant résolument modernes, sains, individualistes et courageux, un peu à la manière d'Étienne Merrin, le personnage principal du roman. Car si le culte de l'esprit de nos vieilles élites traditionnelles avait quelque chose de figé et d'oppressant, la tâche qui nous incombait était de le *délier*, non de s'en dédire ou de l'embrigader derechef. Quant à la langue qu'ils nous ont léguée et qu'ils vénéraient, il eût fallu à tout le moins chercher à être à la hauteur de l'exigence qu'elle porte en elle du fait de son pays d'origine et des innombrables esprits qui se sont déjà exprimés dans cette langue ; non pas en abdiquant toute originalité, mais en faisant en sorte que cette originalité ne soit pas une *originalité* vers le bas, mais vers le *haut*. Sommes-nous capables, ici, de cette originalité vers le haut et d'une véritable liberté d'esprit, créatrices de formes et de concepts nouveaux ?

Une première libération

> *Il ne faut pas que, sur cette terre d'Amérique, citadelle de toutes les libertés, centre du monde démocratique, ce soient les descendants de la France qui aient le plus lourd fardeau de peur et le moins de libertés ; il ne faut pas qu'il soit dit, sur cette terre libre, qu'il suffit de parler français pour tomber dans la servitude. Au milieu d'un océan de 145 millions d'hommes et de femmes de langue anglaise, le français n'a de chance de survivre que s'il devient synonyme d'audace, de culture, de civilisation et de liberté.*
>
> JEAN-CHARLES HARVEY, *La Peur*

Se libérer tout en cherchant à libérer ses concitoyens, parler haut et fort, dire toutes les vérités que l'on sait compromettantes, sans réserve, pour servir la vérité, tout simplement, sans craindre les représailles, les coups bas, les médisances : telle a été l'attitude de Jean-Charles Harvey, combattant de la première heure, précurseur de la Révolution tranquille. Son combat, Harvey l'a mené sur plusieurs fronts à la fois, comme romancier, journaliste et conférencier, avec une ardeur, une ténacité et un courage sans doute inégalés en son temps. Bien avant Étienne Merrin, le personnage principal de *La Patience des justes*, Jean-Charles Harvey semble avoir été atteint par « cette vocation d'une radicale anti-paresse », bien rare dans les milieux intellectuels de l'époque.

Les objectifs généraux qu'il se fixait étaient de l'ordre de la libération de l'esprit et de la lutte contre ce qu'il appelait le « crétinisme » de l'élite bien-pensante de son temps. Des ennemis, Harvey en a eu d'innombrables, mais son combat à la barre du *Jour* pendant près de neuf ans, journal qu'il fonda en 1937, laissa sa marque dans la société canadienne-française. Celle-ci, quelque quinze ans après la disparition en 1946 du journal de Harvey, élisait le Parti libéral de Jean Lesage. S'enclencha alors un processus irrévocable et accéléré de modernisation de la société québécoise. Cette modernisation accélérée et généralisée de la société, qu'on appela au Québec la « Révolution tranquille », n'aurait toutefois jamais pu avoir lieu si elle n'avait été préparée de longue date par des précurseurs et des combattants comme Jean-Charles Harvey (1891-1967). En ce sens, l'histoire de la modernité intellectuelle au Québec précède la Révolution tranquille.

Le courage intellectuel n'étant pas une vertu dont l'histoire du Québec regorge, Jean-Charles Harvey mérite qu'on s'y attarde, d'autant qu'il aura payé de sa personne le prix de son audace et de sa contestation de l'ordre établi. Oublier, masquer ou passer sous silence le travail d'un pionnier comme Jean-Charles Harvey, ce serait en outre risquer de se méprendre sur le sens et l'orientation idéologique à donner à la Révolution tranquille, dont l'*impulsion première* et décisive – si on pense à Harvey, à T.-D. Bouchard (fondateur de l'Institut démocratique canadien), à Jean Le Moyne et aux membres de *Cité Libre,* par exemple – s'inspire bien plus du libéralisme que du nationalisme.

Il est vrai que le nationalisme, après avoir été discrédité par ceux qu'on pourrait appeler les « progressistes libéraux », aura rapidement repris du service sous l'impulsion de nouveaux mouvements intellectuels et politiques, tels que *Parti pris* ou le RIN (Rassemblement pour l'indépendance du Québec), pour redevenir peu à peu une force majeure dans le Québec des années 1960 et 1970, une force qui aboutira à la création puis à l'élection du Parti québécois en 1976. Toutefois, on peut légitimement douter de l'hypothèse selon laquelle ce « nouveau nationalisme » a sorti le Québec de la Grande Noirceur. Affirmer cela, ne serait-ce pas détourner le sens de l'histoire au profit d'un but, la « libération nationale », qui n'était pas *le* but poursuivi à l'époque par les pionniers de la première heure ? Ne faudrait-il pas plutôt chercher l'impulsion première du côté de ces « libéraux progressistes », là où l'on cherchait d'abord à libérer l'individu des tutelles idéologiques et cléricales, là où les combats collectifs qui étaient nécessaires (condition ouvrière, rôle économique des Canadiens français, éducation, santé) étaient menés avec courage et détermination pour ce qu'ils étaient, sans la visée salvatrice et eschatologique de la « libération nationale » ?

Défenseur invétéré et impénitent des libertés, de l'individu, de la libre pensée et de la démocratie, Jean-Charles Harvey était donc un libéral, au sens philosophique du terme, qui a pourfendu sans relâche le cléricalisme, le « crétinisme », les mystiques nationales, le fascisme et même le communisme, et ce, toujours au nom de la liberté, de la libération de l'individu et de l'émancipation de la société canadienne-française. Par ailleurs, la campagne de Harvey pour la réforme de l'éducation et l'instruction obligatoire, de même que les luttes menées par plusieurs membres de *Cité Libre* pour améliorer la condition ouvrière, suffiraient à nous rappeler que si ces libéraux ont défendu l'individu, ils ne se sont pas désintéressés pour autant des combats collectifs, ce dont certains esprits pressés pourraient les accuser. Mais le collectif, selon eux, ne devait jamais prendre toute la place – et ces combats devaient en définitive servir l'épanouissement des individus.

* * *

Toutefois, bien que le combat mené par Jean-Charles Harvey contre l'élite clérico-nationaliste et la bourgeoisie bien-pensante de son temps ait quelque chose d'épique, il ne doit pas nous aveugler quant à nos propres tabous et à nos silences modernes. Si le pouvoir coercitif de l'Église catholique au Québec a pratiquement disparu de nos jours, cette faillite de l'Église ne doit pas nous faire oublier la prolifération des « chapelles idéologiques », la persistance de certains réflexes grégaires et les autres diktats de la société de consommation qui l'ont remplacée dans le Québec moderne. Le récit du combat de Jean-Charles Harvey ne doit donc pas nous donner trop rapidement bonne conscience. D'autant que, lorsqu'il est question de liberté d'esprit au Québec, il ne faut jamais oublier que nous partons de loin. Le parcours de Jean-Charles Harvey à lui seul suffirait à le prouver.

Dans les pages qui suivent, je brosserai ainsi un portrait intellectuel de Jean-Charles Harvey, de 1934, date de la parution des *Demi-Civilisés*, à la fin de la Seconde Guerre mondiale, de manière à rendre compte de son combat courageux pour la « libération de l'esprit », libération qu'il jugeait toujours en 1966, un an avant son décès, bien « plus précieuse que l'indépendance nationale elle-même ». Cette période, qui va de 1934 à 1945, est sans aucun doute la plus intense et la plus significative de la vie de Harvey. Que nous nous y attardions un peu ne sera certes pas inutile ; pour un instant, la Grande Noirceur, terme vague s'il en fut, et qui désigne l'ère duplessiste, s'éclairera sans doute un peu...

Les *Demi-Civilisés* et le retour du refoulé

C'est avec la publication des *Demi-Civilisés* que commença vraiment la carrière d'anticonformiste notoire de Jean-Charles Harvey. Déjà, on l'avait à l'œil. Son dernier recueil de nouvelles, *L'homme qui va...*, publié en 1929, avait cho-

qué les ecclésiastiques par la moralité douteuse et la sensua-
lité de certains textes. Mais les censeurs de l'Église s'étaient
retenus à l'époque. Cette fois, avec *Les Demi-Civilisés,*
l'auteur était allé beaucoup trop loin, jugea-t-on en haut
lieu. Quelques jours après sa publication, le 25 avril 1934,
le cardinal Jean-Marie-Rodrigue Villeneuve, archevêque
de Québec, la plus haute autorité religieuse au Canada
français, condamna officiellement le roman et défendit aux
catholiques de lire, garder, vendre, traduire ou diffuser le
livre de Harvey sous peine de faute grave, voire de péché
mortel. Le jour même où fut publié le décret du cardinal,
Harvey reçut un appel du propriétaire du journal *Le Soleil,*
où il occupait le poste de rédacteur en chef. Son patron exi-
geait sa démission, car, disait-il, il ne pouvait pas se permettre d'avoir le clergé contre lui.

Cette réaction immédiate du propriétaire d'un journal
proche du Parti libéral de Taschereau, au pouvoir à Québec
de 1920 à 1936, montre à quel point toutes les tranches de la
population étaient, dans cette société au conformisme
« suprêmement vigoureux », comme l'écrivait Pierre de
Grandpré, terrifiées à l'idée de se mettre à dos l'Église catholique, y compris les supposés libéraux. Cette réaction du
propriétaire du journal montre aussi le pouvoir qu'avait
l'Église et sa tendance à intervenir à tous moments dans les
affaires publiques – ce qui est la définition du cléricalisme.
De cette peur panique de se mettre à dos l'Église, Harvey fit
le thème central d'une de ses conférences les plus connues,
La Peur, qu'il prononça à l'invitation de l'Institut démocratique canadien en 1945. Dans cette conférence, Harvey mettait le doigt sur un mal très profond : la crainte de déplaire
au clergé et de risquer sa situation, peur qui, selon lui, entra-
vait le développement des individus et de la société canadienne-française :

Quand un gouvernement adopte des lois imparfaites,
parfois absurdes, dans le seul but de plaire à la puissance

cléricale, il n'est pas libre : il a peur. Quand ce même gouvernement recule devant l'adoption de certaines mesures essentielles au progrès, parce qu'il importe de ne pas déplaire au *power behind the throne*, il n'est pas libre : il a peur [...] Quand les quelques quarante à cinquante mille Canadiens de langue française qui pensent exactement comme nous sur les problèmes essentiels, sur la liberté de pensée, de conscience, de foi et de parole, se croient obligés de se cacher comme des taupes, de se soumettre servilement à un tas de pratiques qui leur répugnent, afin de ne pas être menacés dans leur situation et leurs biens, tous ces gens-là ne sont pas libres : ils ont peur[1].

Si l'on voulait parler de l'héritage qu'a laissé Harvey, il faudrait sans aucun doute mentionner la libération qu'a produite l'opiniâtreté de son combat contre la peur qu'inspirait la puissance cléricale, même si cela est très difficilement mesurable. Harvey a dit haut et fort dans *Les Demi-Civilisés* et, un peu plus tard, dans le journal *Le Jour* des vérités que personne au Canada français n'avait osé dire avant lui avec autant d'énergie et d'insistance. On lui en voudra énormément, et les bien-pensants se déchaîneront contre lui dans les journaux de l'époque.

Mais n'allons pas trop vite : rien ne laissait alors présager que Harvey se relèverait de cette première censure et de cette mise à pied. À l'époque de son renvoi du journal *Le Soleil*, rappelons-nous que Harvey avait six enfants à faire vivre. On lui proposa, pour le dédommager (une gentillesse de son patron ?), un poste de statisticien dans la fonction publique. Harvey accepta pour survivre et s'y ennuya jusqu'en 1937, date à laquelle il fut de nouveau renvoyé à

---

1. Jean-Charles Harvey, « La Peur », dans *Feuilles démocratiques*, vol. 1, nº 1, 1er septembre 1945, p. 6-7.

cause de l'arrivée au pouvoir de Duplessis : selon ce dernier, Harvey avait trop d'ennemis à Québec pour qu'il puisse se permettre de le garder dans la fonction publique. Voilà comment on réglait le cas de ceux qui osaient s'écarter des conformismes et de l'orthodoxie régnant au Québec dans les années 1930 ! Deux renvois en trois ans, ce n'est pas si mal ! Normalement, Harvey eût dû se taire, à jamais, ne plus rien risquer, ou alors s'exiler, ce qu'il a souvent pensé faire d'ailleurs… Or, c'est exactement le contraire qu'il fit, et c'est en cela qu'il commande l'admiration. Il trouva le moyen de fonder à Montréal un journal qu'il allait diriger pendant neuf ans : *Le Jour*. Là, il fut de tous les combats. Et il tint tête à tous ses détracteurs. Décidément, Harvey était obstiné, et il n'entendait pas être réduit au silence. Coûte que coûte, il allait se servir de sa plume pour combattre ses ennemis et répandre ses idées.

* * *

Mais qu'y avait-il donc, à l'origine, dans *Les Demi-Civilisés* qui pût produire un pareil scandale et entraîner toutes ces conséquences pour son auteur ? Le plus inacceptable pour l'élite de l'époque fut sans doute de se reconnaître dans la peinture très peu flatteuse qu'en fit Harvey. Dans son roman, Harvey dépeignait cette élite et la bourgeoisie qui l'imitait grégairement comme une bande de demi-civilisés, ultraconservateurs et traditionalistes, réfractaires au progrès et à la liberté de penser. Le milieu qu'il décrivait en était un où le conservatisme et l'hypocrisie morale régnaient, étouffant toute aspiration à une vie authentique, libre et passionnée. Le héros du livre, Max, fait d'ailleurs un rêve des plus significatifs, où l'asphyxie intellectuelle de son milieu lui apparaît dans toute sa laideur, comme dans un miroir grossissant. Dans ce cauchemar, on lui explique que l'on administre « aux coupables un astringent qui guérit le cerveau de tout danger de création[2] ». Les détracteurs de Harvey ont peut-être aussi vu dans son roman un dangereux agent de subversion. Car le livre n'est pas qu'une critique sociale, il est aussi un vibrant appel à la liberté de penser et d'aimer. Max n'est pas un héros brisé par sa société – il est semblable en cela au personnage principal mis en scène par Pierre de Grandpré dans *La Patience des justes*. Max, comme Harvey, est coriace, et il fondera avec des amis et des collaborateurs un journal, *Le Vingtième Siècle*, qui défendra ses idéaux. « Pour la première fois, écrit le narrateur du roman, en ce pays de l'impersonnel et de l'artifice, où seule la pensée officielle avait eu droit de cité, paraissait une publication vraiment libre, ouverte à toutes les opinions sensées, rompant le conformisme accepté, depuis un siècle et demi, par le troupeau servile ou terrifié[3]. »

Il est étonnant de constater à quel point le parcours de Max dans le roman préfigure en quelque sorte la vie de Harvey, qui, rappelons-le, fondera son propre journal, *Le Jour*, quelques années après la publication des *Demi-Civilisés*, avec des visées on ne peut plus similaires à celles de Max. En condamnant officiellement le roman de Harvey, ses détracteurs n'ont pas obtenu les résultats escomptés : le refoulé a refait surface, et *Le Vingtième Siècle*, journal subversif, mais imaginaire, est devenu réalité. En fondant *Le Jour*, dans le « réel », Harvey a ainsi donné suite au « rêve » libérateur du héros de son roman. D'ailleurs, la censure épiscopale, si elle a valu à l'auteur la perte de son poste de rédacteur en chef au *Soleil*, lui a aussi fait une très grande publicité, et les jeunes un tant soit peu instruits ou originaux de l'époque se sont précipités sur son livre, qui fut vite épuisé, comme quoi le propre du refoulé est de faire retour…

---

2. Jean-Charles Harvey, *Les Demi-Civilisés*, Montréal, Typo, [1934] 1996, p. 58.

3. *Ibid.*, p. 76.

Le combattant du *Jour*

À la direction du *Jour*, Harvey se battit sur plusieurs fronts à la fois. Le programme qu'il proposait à ses lecteurs se résumait en dix points, allant de la « réforme de l'éducation » à la « défense des libertés de parole, d'écrits, d'idées », en passant par la « lutte contre toute forme de nationalisme démagogique » et la « guerre sans merci à l'étroitesse, à l'esprit réactionnaire et au crétinisme[4] ». En outre – je saute ici certains aspects comme la lutte « contre le fascisme » et le « cri de la race » –, le rédacteur en chef se proposait de mettre en lumière les « principales causes de l'infériorité des Canadiens français en divers domaines ». Ce dernier aspect était une tâche ingrate, mais Harvey n'a pas voulu épargner ses concitoyens, au risque de passer pour un « pourfendeur de sa race », un « traître » ou même un « vendu à la juiverie internationale », ce dont on n'a pas hésité à l'accuser… La Conquête anglaise, puis l'entrée du Québec dans la Confédération canadienne ne sauraient à elles seules expliquer et justifier tous les maux et tous les retards de la société canadienne-française ! Il faut parfois avoir le courage de regarder ses torts en face. Harvey a eu ce courage.

Ici, il faudrait préciser, pour éviter tout malentendu, que Harvey n'a jamais été contre le peuple canadien-français, qu'il a toujours aimé et estimé. C'est à l'élite de ce peuple qu'il en voulait. C'est cette élite sectaire, réactionnaire et conservatrice qu'il tenait responsable, dans une très large mesure, du retard et de l'infériorité des Canadiens français, dans le domaine économique notamment. L'un des exemples les plus frappants de cette responsabilité : la très forte résistance du clergé et des bien-pensants à toute réforme de l'enseignement. À l'époque, au Canada français,

---

4. Jean-Charles Harvey, *Le Jour*, 9 octobre 1937.

on se plaignait haut et fort des rôles de « porteurs d'eau » et de « scieurs de bois » dévolus aux Canadiens français, mais on continuait à nier l'importance de l'éducation obligatoire. On fustigeait le capital étranger et les hommes d'affaires anglais ou américains, mais on se targuait, dans les collèges classiques qui éduquaient l'élite canadienne-française, de ne pas former ce type d'humains dégradés que sont les hommes d'affaires…

Le rédacteur du *Jour* ne l'entendait pas ainsi. Il fit de la réforme de l'enseignement son principal cheval de bataille. Il demanda l'instruction obligatoire et la création d'un ministère de l'Éducation qui diminuerait le rôle de l'Église dans ce domaine. Il croyait que c'était par l'accès à l'éducation que les Canadiens français pourraient reprendre la maîtrise de leur économie. Finalement, en 1943, pendant le court règne des libéraux à Québec (1939-1944), entre deux gouvernements de l'Union nationale, le premier ministre Godbout promulgua une loi rendant l'éducation obligatoire. Le moins que l'on puisse dire, c'est que le combat du *Jour* dans ce domaine depuis 1937 avait certainement préparé le terrain. Or, ce sont les enfants des premières années de l'instruction obligatoire qui, dans les années 1960, à l'âge de dix-neuf, vingt, vingt et un ans, reprirent peu à peu sinon la maîtrise de l'économie québécoise, du moins la place qui leur revenait dans ce domaine.

Le combat de Harvey au *Jour* contre ce qu'il appelait le « nationalisme démagogique » allait dans le même sens. Ce combat, dans le Québec moderne, serait probablement encore des plus actuels, certes plus actuel que son combat mené contre le cléricalisme, puisque l'Église catholique n'a plus aucun pouvoir coercitif sur la société québécoise contemporaine alors que le nationalisme, lui, se porte toujours très bien et que les dérapages démagogiques, ou la radicalisation des positions, sont toujours possibles. Dans un texte intitulé « Nationalisme destructeur », Harvey chercha à démontrer « comment l'appel de la "race" peut se transformer en suicide de la "race[5]" ». Il reprochait au régime scolaire, tel qu'il était, d'isoler les Canadiens français : « Nous n'assimilerons jamais les immigrants : nous les chassons. » L'idéologie de la survivance, disait-il, marginalisait en outre les Canadiens français en les empêchant de s'adapter aux nouvelles réalités socioéconomiques et de prendre acte du contexte nord-américain dans lequel ils baignaient, qu'ils l'aient voulu ou non. Mais Harvey ne s'opposait pas au nationalisme que pour des raisons d'ordre pratique. Plus fondamentalement, il s'y opposait parce que, selon lui, la valeur suprême ne devait pas être la « nation », mais l'« humain », c'est-à-dire « ce qui fait le fond de l'esprit et du cœur ». En témoigne cette phrase qu'il écrivit en 1937 dans un texte intitulé « Nationalisme passionnel et humain » :

> Que la naissance, l'hérédité, la langue, le climat, l'éducation et le milieu m'aient donné un caractère spécifique dans la grande famille humaine, ce caractère j'y tiens et veux bien le conserver malgré ses multiples imperfections ; mais par ce qu'il y a en moi de plus élevé, de plus noble, de plus incorruptible, par la pensée qui pense et par la raison qui raisonne et aussi par les voix les plus profondes de ma conscience, *je suis humain et respecte l'humain avant toute autre chose* ; et j'entends par humain tout ce qui fait le fond même de l'esprit et du cœur, ce qui existe au même degré sous toutes les latitudes et qui fait que, à quelque nation, à quelque race qu'on appartienne, on puisse toujours se comprendre et s'aimer[6].

5. Jean-Charles Harvey, « Nationalisme destructeur », dans *Les grenouilles demandent un roi*, Montréal, Éditions du Jour, 1943, p. 97 et 100.

6. Jean-Charles Harvey, « Nationalisme passionnel et humain », dans *Art et Combat*, Montréal, L'Action canadienne-française, 1937, p. 217.

Libéral intransigeant sur ce point, Harvey est demeuré inflexible tout au long de sa carrière d'écrivain combattant envers le nationalisme. Même en 1962, au moment où le Québec vivait ce qu'on a appelé la Révolution tranquille, il écrivait encore un pamphlet intitulé *Pourquoi je suis antiséparatiste*. À l'âge de soixante et onze ans, Harvey disait dans ce livre regretter que tant de jeunes gens quittent les idées et les valeurs traditionnelles pour adopter aussitôt de nouvelles idéologies et devenir, par le fait même, tout aussi conformistes et dogmatiques que les générations qui les avaient précédés, un peu comme si ces jeunes gens n'avaient pas su supporter leur liberté, cette liberté à laquelle Harvey avait tout sacrifié. Sans s'en rendre compte, ces jeunes adeptes des théories de la libération nationale, comme leurs frères aînés réactionnaires de l'Alliance laurentienne, perpétuaient l'atavisme séculaire des générations précédentes en embrigadant encore une fois les esprits autour de la « race » et de la « nation ». Que ce nationalisme fût teinté ici de marxisme, là d'ultramontanisme, ne changea en rien l'idole du culte : la Nation ! Sentant son idéal trahi par la génération montante, Harvey réaffirmait dans ce pamphlet sa foi en l'individu capable de dépassement et de création, irréductible à toute idéologie. Plutôt que de faire de la « libération nationale » sa planche de salut et celle de son peuple, il affirmait en substance qu'il eût mieux valu que chacun excellât dans sa discipline et devînt, qui un nouveau Einstein, qui un nouveau Descartes, qui un nouveau Pasteur. Ce faisant, ces gens eussent aidé et leur peuple et le reste du monde, et ce, d'une façon beaucoup plus noble et digne qu'en battant « l'air de mots vides ». « Ô politique ! Ô politique ! s'exclamait-il. Que de talents tu nous as gâchés[7] ! »

Cette conception de l'homme et cette foi en la valeur

---

7. Jean-Charles Harvey, *Pourquoi je suis antiséparatiste*, Montréal, Les Éditions de l'Homme, 1962, p. 121.

inaliénable de l'individu ne sont sans doute pas étrangères au rôle exemplaire qu'a joué le directeur du *Jour* à la veille de la Seconde Guerre mondiale et pendant celle-ci. Très tôt, Harvey s'est inquiété de la montée du fascisme en Europe et de l'enthousiasme que suscitait chez certains jeunes Canadiens français cette nouvelle idéologie réactionnaire. Avant même que la Grande-Bretagne et la France ne déclarent la guerre à l'Allemagne, le 3 septembre 1939, voici ce qu'écrivait Harvey au sujet de l'effort de guerre et des raisons pour lesquelles il était nécessaire :

> Comme écrivain et journaliste, cherchant de par mon métier à influencer l'opinion, je serais pour une certaine participation, dans la mesure de nos moyens, si par là nous évitons le danger de perdre certaines libertés sans lesquelles la vie ne vaut plus la peine d'être vécue. En disant ceci, je n'obéis à aucun sentiment particulier pour la France et l'Angleterre, mais je pense à tous ceux qui croient en l'idéal démocratique et en la dignité de l'homme[8].

Gaulliste de la première heure, partisan de l'effort de guerre et, plus tard, de l'enrôlement obligatoire, Harvey, avec son équipe du *Jour*, a fustigé après la capitulation de la France tous les admirateurs de Pétain, admirateurs qui étaient très nombreux dans l'élite intellectuelle canadienne-française, du moins jusqu'en 1942, quand le vent a commencé à tourner sur le front... Très tôt aussi, Harvey a dénoncé l'antisémitisme, qui devenait à ses yeux de plus en plus inquiétant. Dans un article intitulé « La charité chrétienne et les Juifs », Harvey s'indignait que l'on puisse commettre ou approuver, au nom de la « race » ou d'une « sotte vanité », des « attentats collectifs contre la Juiverie ». À ceux qui lui reprocheraient de prendre la défense d'une minorité

---

8. Jean-Charles Harvey, *Le Jour*, 1er juillet 1939.

opprimée, et il y en eut pour le lui reprocher, Harvey rétorquait qu'il avait la certitude que l'avenir lui donnerait « raison, quand leurs yeux se [seraient] ouverts[9] ».

Démocrate incurable, Harvey publia en 1943 un pamphlet, *Les grenouilles demandent un roi*, qui reprenait plusieurs articles parus dans *Le Jour* durant cette période trouble où l'Europe sombrait dans la barbarie. Dénonçant ce qu'il appelait « la nouvelle idole », soit « le Dieu-État[10] », Harvey y défendait encore une fois la démocratie et le libéralisme économique, qui, malgré leurs lacunes et leurs failles, valaient infiniment mieux selon lui que le fascisme et le communisme.

Ne pouvant tolérer ces nouvelles religions séculières qui ensanglantèrent le XXe siècle, Harvey les aura donc pourfendues avec virulence jusqu'à la fermeture du *Jour* en 1946, date à laquelle ses bailleurs de fonds l'abandonnèrent.

*   *   *

Le rapide parcours de Jean-Charles Harvey, à partir de la parution des *Demi-Civilisés* jusqu'à ses multiples combats au *Jour*, est à maints égards admirable. La ténacité et l'opiniâtreté qu'il mit à défendre ses idées témoignent de son courage intellectuel, courage qui peut sans nul doute nous inspirer encore aujourd'hui, puisque aucune époque n'est immunisée contre la bêtise et le « crétinisme ». Chacune a ses dogmes et chacune a besoin de libérateurs de l'esprit pour les démasquer et les briser. La liberté de vivre, d'aimer et de penser que Harvey revendiqua toute sa vie n'est jamais garantie une fois pour toutes : elle doit sans cesse être voulue et recherchée, sans quoi elle perd tout son sens, c'est-à-dire toute réalité intérieure. La vigilance est donc de mise.

---

9. *Ibid.*, 5 août 1939.

10. Jean-Charles Harvey, *Les grenouilles demandent un roi*, p. 31.

Or, le combat de Harvey au *Jour* est quelque peu tombé dans l'oubli : peut-être parce que l'évoquer ferait ressortir des pans d'une histoire qu'on préfère oublier (pétainisme, chauvinisme, antisémitisme...), peut-être aussi parce que certaines positions de Harvey, si elles choquaient à l'époque les oreilles des bien-pensants, ne plairaient guère davantage à celles des nouveaux clercs et intellectuels qui les ont remplacés – je pense notamment à sa méfiance instinctive envers le « Dieu-État » et à son intransigeance envers toute exacerbation du nationalisme. Est-ce à dire que Harvey, même aujourd'hui, dans le Québec moderne, garderait sa charge subversive ? Sans aucun doute. Est-ce à dire que cet anticonformiste notoire aurait, même aujourd'hui, des ennemis s'il pouvait encore parler et écrire ? Assurément !

Contrairement à ce qu'on pourrait croire, le point faible de la pensée et de la démarche de Jean-Charles Harvey n'est pas, à mon sens, son manque d'engagement envers la société et la nation canadiennes-françaises. Toute sa vie, si « libéral » et « individualiste » qu'il fût, il s'est battu pour améliorer le sort de ses concitoyens et assainir le climat intellectuel de son milieu d'appartenance, en tâchant notamment de le libérer de ses conformismes, de sa timidité et de sa peur séculaires. L'esprit au Canada français lui doit beaucoup ; non parce qu'il aura été un grand penseur politique, ce qu'il n'a jamais été, mais parce qu'il aura défendu des positions courageuses et minoritaires dans un climat intellectuel et politique fortement hostile à la liberté de pensée. Celui qui déclara en 1945, dans une conférence fameuse, qu'« au milieu d'un océan de 145 millions d'hommes et de femmes de langue anglaise, le français n'a de chance de survivre que s'il devient synonyme d'audace, de culture, de civilisation et de liberté » n'est pas un « pourfendeur de sa race », mais son meilleur ami, celui qui, tel un aiguillon, l'incite au dépassement.

Toutefois, il est vrai que Harvey, ayant choisi de rompre à plusieurs égards avec la tradition, n'aura pas été tout à fait en mesure, comme penseur et écrivain, de jeter des ponts entre l'Ancien et le Nouveau, comme le souhaitait Pierre de Grandpré dans *La Patience des justes*. L'impératif premier auquel Harvey a répondu a été de rompre avec les conformismes ambiants pour accroître sa liberté et celle de sa société. Quant aux ponts qui restent à faire, peut-être pourrions-nous dire, à la défense de Harvey, qu'il faut probablement rompre avec la tradition pour ensuite être en mesure, dégagé de toute forme de dogmatisme, de la revisiter et d'y puiser ce qu'elle a de meilleur à offrir à l'individu d'aujourd'hui, à celui qui y cherche non pas une doctrine toute faite, mais une réserve sensible et spirituelle accumulée à travers les siècles dans les œuvres de l'esprit.

En outre, si le combat de Jean-Charles Harvey pour la « libération de l'esprit » me semble absolument nécessaire, ce combat pourrait néanmoins être approfondi. Harvey a vaillamment défendu l'individu contre les idéologies qui tentent de le réduire, mais nous pourrions maintenant chercher à aller plus loin en interrogeant le versant intérieur de cet avènement de l'individu. La défense des valeurs libérales, de la démocratie et du sujet de droit est une chose noble, mais il y a aussi *autre* chose : une vie intérieure, une mémoire, un désir de dépassement ou de transcendance, une puissance de rêve qui s'agitent dans les profondeurs du sujet pensant. Les libertés accordées à l'individu dans les sociétés libérales et la relative prospérité de celles-ci ne suffisent pas à donner un sens à la vie de chacun, même si elles peuvent lui garantir une meilleure chance d'épanouissement, ce qui n'est évidemment pas à négliger. Le combat de Jean-Charles Harvey pour faire accéder sa société à une certaine liberté intellectuelle et à la modernité constitue à mes yeux une première libération, un premier pas vers une société dans laquelle l'emprise du collectif, sous sa forme nationale ou religieuse, se desserre. Mais cette première libération n'est pas en elle-même un aboutissement : elle est un nouveau départ, et la réflexion doit se poursuivre.

En approfondissant cet avènement de l'individu, peut-être découvrirons-nous une *autre* histoire, une *autre* modernité, un *autre* chemin. Cette *autre* modernité ne serait pas nécessairement en contradiction avec cette première libération dont le parcours de Jean-Charles Harvey témoigne, mais elle en serait l'approfondissement, la densification, la reprise intérieure sur un mode personnel et existentiel. Cette autre modernité serait en quelque sorte l'écho, repris et amplifié par l'intériorité du sujet pensant, d'un premier mouvement, d'un premier arrachement, d'une première libération.

L'autre histoire

> *L'inlassable complaisance à définir et redéfinir*
> *la « québécitude », ses thèmes, ses personnages, sa*
> *langue ne correspond-elle pas à cette incapacité*
> *d'exister en tant qu'individu en rapport avec son*
> *œuvre, et à dégager celle-ci, le territoire imaginaire*
> *qu'elle instaure, d'une trop grande adéquation au*
> *territoire réel et à la vie réelle de ses habitants ?*
>
> MICHEL MORIN et CLAUDE BERTRAND,
> *Le Territoire imaginaire de la culture*

N'être qu'un écrivain, quelle calamité ! Comment être sûr qu'on se souciera de ces êtres de papier qui nous auront coûté tant de peine à mettre au monde ? Écrire fait mal. Écrire peut être souffrant. « Écrire, c'est s'ouvrir les veines », affirmait Paul Toupin, et il ajoutait : « La qualité d'une œuvre tient à la qualité du sang qui en jaillit[1]. » S'ouvrir les veines est une façon de parler bien sûr, quoique parfois…

Retiré dans sa chambre, essayant d'entrer en lui-même pour écrire, de se mettre à l'écoute de la *voix* qui lui est propre, il arrive que l'écrivain se mette à douter de lui : il se demande alors s'il ne serait pas dans le « faux », lui qui, pour

---

1. Paul Toupin, « Écrire », dans *L'Écrivain et son théâtre*, Montréal, Le Cercle du livre de France, 1964 ; repris dans *Au commencement était le souvenir*, Montréal, Fides, 1973, p. 75.

travailler le langage et trouver *sa* voix, *son* ton, se coupe du commerce des hommes et de leur bavardage quotidien. De sa chambre, il entend le bruit des gens qui autour de lui continuent de vivre, le bruit de ceux qui ne se sont pas extraits du monde pour écrire et qui n'ont pas plus la prétention de confier à une page blanche leur petit monde intérieur que d'engendrer selon l'esprit et de faire des enfants en papier. Alors, l'écrivain qui comme Toupin entend ces bruits qui le dérangent peut être amené à se demander « s'il n'est pas dans le faux en ne partageant pas les plaisirs et les peines de ceux qui l'entourent et qui s'affairent[2]. » Cet écrivain a bien de la difficulté à vivre avec les autres ; il n'en a pas moins à vivre avec lui-même. Vu de l'extérieur, l'écrivain, pour qui n'écrit pas, semble se torturer pour rien : d'ailleurs, comprendra-t-on jamais quelque chose à ce qu'il griffonne ? « Qui voit l'écrivain de l'extérieur, note Toupin, le juge énigmatique et se demande ce qu'il fait dans sa galère. Il écrit, de sa main. Et sa main, à force d'écrire, s'hypertrophie. Et c'est toute sa personne qui en souffre[3]… » S'il persévère, s'il s'entête – comme tout vrai écrivain pour qui écrire n'est pas vraiment un choix, mais une nécessité –, alors il connaîtra sans doute des moments de répit, de réconciliation avec lui-même, des moments de joie et, qui sait ? de ravissement, mais le doute, l'angoisse, l'inquiétude ne l'auront pas pour autant quitté : ils sont là qui se terrent, guettant le moment où l'enthousiasme retombera pour revenir en trombe. De cette alternance de ferveur et de découragement, Toupin a admirablement témoigné. Lisons-le un moment, cela en vaut la peine :

---

2.   Paul Toupin, *Souvenirs pour demain,* Montréal, Le Cercle du livre de France, coll. « Poche canadien », [1960] 1968, p. 32.

3.   Paul Toupin, « Écrire », repris dans *Au commencement était le souvenir,* p. 74.

Libre de commencer d'écrire, je ne l'étais plus de m'arrêter
[…] La page blanche excitait l'envie que j'avais de la cou-
vrir d'encre. Les mots succédaient aux mots, les images aux
images et de leur rencontre naissait l'étincelle qui retombait
sur la phrase pour l'animer. Mon regard au-delà, mes cheveux défaits, mes traits tirés, mes yeux cernés témoignaient
assez de la manie qui me possédait. Sur ma table, les feuilles
encore palpitantes de la vie que par l'instrument du stylo
greffé sur moi je venais de leur transfuser. Alors, je me
levais, fatigué, épuisé, fuyant ma chambre comme on sort
d'un lieu sordide, excédé de moi-même et de ce que je
venais d'écrire. Comme je regrettais de n'exercer pas de
métier précis, concret, pourquoi pas plombier ? J'en arri-
vais à une lassitude écœurante. Pourquoi tant s'appartenir
pour tant se déposséder ? Où étaient mes mérites ? Quelle
était ma valeur ? Pourquoi vivais-je toutes ces contradic-
tions qui me détruisaient[4] ?

Je cite ici un extrait du livre de Paul Toupin *L'Écrivain et
son Théâtre,* publié en novembre 1964, soit la même année
que celle où Hubert Aquin publiait dans *Parti pris* son
fameux texte « Profession : écrivain », et deux mois avant
que cette même revue ne fasse paraître une sorte de
numéro-manifeste intitulé « Pour une littérature québécoise », lequel pourrait fort bien être considéré comme
l'acte de naissance de la littérature québécoise, naissance qui
cache mal son homicide, celui de la littérature canadienne-
française et de l'écrivain canadien-français du jour au lendemain traîné dans la boue ainsi que ses livres… À lire cette
citation de Toupin, comment ne pas pressentir et affirmer
avec lui que la « profession d'écrivain », pour reprendre un
titre d'Aquin, n'est pas de tout repos, qu'elle est faite de
paradoxes et de déchirements ? Aquin n'aurait pas dit

---

4. *Ibid.,* p. 67.

mieux, lui qui comme Miron avait connu bien des angoisses et plus d'un tourment. Cette comparaison a toutefois ses limites puisque, pour Toupin, la difficulté de naître à soi en tant qu'écrivain est inhérente à la condition d'écrivain, alors qu'à lire les textes « théoriques » de Miron ou d'Aquin on aurait plutôt tendance à croire que cette difficulté tient d'abord au milieu canadien-français ainsi qu'à ses déterminismes, déterminismes que la figure du colonisé serait censée cristalliser… « L'aventure intérieure que tant d'écrivains rêvent de conduire en dépit de l'existence cyclothymique de notre peuple » est vouée à l'échec selon Aquin. « Pourtant, enchaîne-t-il, nombreux sont les écrivains qui continuent de gravir, mot à mot, le calvaire laurentien de l'Œuvre[5]. » Quelle bande d'imbéciles ! serait-on tenté d'ajouter en suivant cette logique jusqu'au bout. En effet ! comment ignorer que les remèdes aux maux collectifs sont *nécessairement collectifs* ? Celui qui ne comprend pas cela serait donc le dernier des aliénés – sans doute Toupin est-il l'un de ces naïfs alpinistes qui tentent de gravir le calvaire laurentien de l'Œuvre… Vanité et aveuglement que tout cela ! Quant à Miron, la figure du colonisé qu'il brandira avec d'autant plus d'ardeur qu'il se sentira déchiré intérieurement lui offrira la justification idéale pour un long silence qu'il finira bien par rompre pour se dévouer, entre autres, à la cause nationale et à l'indépendance du Québec. Bien fou celui qui accorderait une quelconque importance à une libération qui *ne serait pas collective.*

Sans doute Paul Toupin (l'aîné d'une dizaine d'années de Miron et d'Aquin) sous-estime-t-il l'importance du milieu et de ses déterminismes, ou plutôt, sans nécessairement les sous-estimer, il n'en fait que très peu état, se contentant de les combattre dans l'intimité et ne livrant au

---

5. Hubert Aquin, « Profession : écrivain », *Parti pris,* n° 4, janvier 1964, p. 30.

public que le fruit de ses victoires sur soi et sur les autres : « Celui qui veut écrire, note-t-il, le fera toujours envers et contre tous, souvent malgré soi, parfois contre lui[6]. » Lorsque Toupin évoquera ses années de formation, ce sera pour exalter sa détermination et ses découvertes personnelles. À l'en croire, il se serait pratiquement créé lui-même. (N'est-ce pas là le rêve de tout grand artiste ?) S'il se reconnaît une filiation, celle-ci l'honore puisqu'il l'a choisie. Ses pères spirituels ne sont pas ceux qui tentèrent de l'éduquer et voulurent le décourager par des voies tortueuses et malhonnêtes lorsqu'ils apprirent que l'adolescent rêvait de devenir écrivain. Non, les pères spirituels et littéraires de Toupin sont Nietzsche (sans lequel, avoue-t-il, il n'est pas dit qu'il eût jamais entendu son propre appel), Montaigne, Valéry, Proust, Gide et Montherlant. Ce sont eux qui l'ont vraiment mis au monde. L'éthique de Paul Toupin est une éthique solitaire que seule l'amitié tempère et adoucit. Toupin n'a jamais rien voulu savoir de la littérature engagée et des fameuses tâches historiques échues à l'écrivain québécois. « Ma bourse est plate, écrivait-il dans *Souvenirs pour demain,* et je ne récolte ni succès ni notoriété. J'écris pour moi et c'est là le scandale impardonnable. Qu'on ne me parle surtout pas de littérature engagée, de message à délivrer. Je ne tiens pas au rôle de témoin. J'ai assez d'être le mien sans me charger d'être celui d'une époque[7]. »

Le seul engagement que contracte Paul Toupin en est un envers son œuvre (une œuvre qui comprend une quinzaine de titres dont quatre pièces de théâtre, deux ou trois livres de critique, plusieurs livres de souvenirs et un récit) et, par conséquent, envers le langage, sans lequel il ne saurait y avoir d'œuvres littéraires. « La politique et la religion ont toujours exercé sur nos écrivains une force d'attraction iné-

---

6. Paul Toupin, *Souvenirs pour demain,* p. 25.
7. *Ibid.,* p. 31.

vitable, constate Toupin [...] Que de talents mal aimantés s'y sont perdus qui confondirent religion et politique avec la littérature! Peu d'écrivains canadiens-français se sont souciés de langue et de style[8]. » On pourrait croire que ce commentaire ne vaut que pour la littérature canadienne-française d'avant la Révolution tranquille, avec ses Camille Roy et ses Claude-Henri Grignon. Pourtant, il n'est qu'à lire attentivement le numéro spécial « Pour une littérature québécoise » de *Parti pris* pour avoir des doutes. Outre le fait que bien écrire constitue pour la plupart des collaborateurs (Renaud, Major, Girouard, Chamberland) une suprême hypocrisie, outre la volonté manifestée par la plupart d'entre eux d'incarner l'« âme nationale » et le « pays réel », outre cette savante confusion entretenue entre le « je » et le « nous », comment ne pas remarquer que la « nouvelle » mystique nationale que concocte Miron dans « Un long chemin » ressemble à s'y méprendre à l'ancienne, l'État québécois en prime ? « Aujourd'hui, déclare Miron, je sais que toute poésie ne peut être que nationale [...] La littérature ici, c'est ma conviction, existera collectivement et non plus à l'état individuel, le jour où elle prendra place parmi les littératures nationales, le jour où elle sera québécoise[9]. » Camille Roy n'aurait pas dit mieux – mis à part le changement de nom de cette littérature –, lui qui prononçait soixante ans plus tôt sa célèbre conférence sur « La nationalisation de la littérature canadienne ». Miron va même au-delà des aspirations de Camille Roy en étayant les siennes sur l'État salvateur – l'État québécois bien sûr ! –, qui pourrait enfin nous nationaliser tout ça : poésie, culture, art, littérature, etc. Si autrefois Lionel Groulx se tournait vers « notre maître

---

8. Paul Toupin, « Berthelot Brunet », dans *Au commencement était le souvenir*, p. 80-81.

9. Gaston Miron, « Un long chemin », *Parti pris*, vol. 2, n° 5, janvier 1965, p. 30.

le passé », faisant de la sauvegarde de la langue et de la religion les piliers de l'intégrité nationale, Miron, en 1965, se tourne vers le politique et l'État pour assurer cette intégrité. Cette différence d'aiguillage ne change rien au culte qu'ils semblent vouer tous deux à l'intégrité nationale et à l'homogénéité. Écoutons un peu cet accent chez Miron : « Les réformes, en éducation et dans d'autres domaines, ne peuvent à elles seules *restituer* cet homme à lui-même, seul le *politique* peut le rendre complètement à son *homogénéité,* base d'échanges des cultures. Seul il peut garantir l'*intégrité culturelle de la nation* et la pratique de *sa nécessité* vers un plus être[10]. »

Entendons-nous : je ne cite pas ici Miron le « théoricien » pour dénigrer le poète (bien qu'il soit possible que Miron ne soit pas *le plus grand* poète du Québec ; pour ma part, je lui préfère Saint-Denys Garneau), pas plus que je ne fais allusion à un texte d'Aquin pour dénigrer le romancier, le créateur engagé dans son œuvre. Leurs œuvres, à Aquin et Miron, et ce qu'ils pensent de la signification sociale et politique de leurs œuvres sont deux choses distinctes. Si je cite ici Miron et ce numéro spécial de *Parti pris,* c'est pour établir un contraste entre la démarche de Toupin, et ce que cette démarche signifie plus généralement, et la leur. C'est aussi pour souligner l'écueil qui guette toute littérature engagée et le danger d'une trop grande proximité de la littérature et de la politique. Paul Toupin n'est bien sûr pas le seul à avoir suivi, dans les années 1960, une démarche tout autre que celle promue par *Parti pris.* D'ailleurs, même dans ce numéro spécial de la revue, il y a un texte de Jacques Brault qui détonne puisque l'écrivain met précisément le doigt sur les périls qui menacent la littérature engagée. C'est lui qui écrit, après la cohorte des Renaud, Girouard, Major, Chamberland :

---

10. *Ibid.,* p. 29. Je souligne.

Il y a trop d'écrivains qui s'engagent comme s'il s'agissait pour eux de se garantir une espèce de sécurité morale, et c'est alors considérer l'action politique comme une cure de libération et d'adaptation, ou encore comme une occasion de nettoyer l'écriture de ses taches d'esthétisme. L'important pour eux, en définitive, c'est d'*être de leur temps,* à tout prix, fût-ce au prix d'embrasser la marche de ce temps, en se prêtant à l'écriture politisée comme à un jeu violent, une espèce de risque total et enivrant par cela même qu'il compense tout de suite et largement tout échec possible de l'entreprise sur le plan littéraire[11].

Cette inquiétude qu'exprime ici Brault se rapproche de celle que laissait voir Toupin en parlant de la littérature engagée. Pour eux deux, l'écrivain n'a de comptes à rendre qu'à son œuvre. J'évoquais plus tôt la douleur liée à l'acte créateur, partagé entre la ferveur et le découragement. Le texte de Brault nous permet de voir comment cette douleur et les inquiétudes qu'elle provoque chez l'écrivain peuvent pousser certains à « s'engager ». Je crois que cet engagement peut aussi se faire de manière plus subtile que chez les partipristes, c'est-à-dire sans qu'il n'y paraisse trop… mais juste assez ! L'engagement politique – la volonté de construire une *littérature nationale* est une forme d'engagement politique qui imprègne la sphère culturelle –, qu'il soit tapageur ou non, offrirait ainsi une sorte de « sécurité morale » à ceux qui souffrent d'être séparés du commun des mortels. Le Collectif, la Cause ou la Nation rachèteraient alors, de prime abord, la tentative hasardeuse de faire exister une œuvre singulière. L'œuvre est exhaussée du seul fait de pouvoir s'abolir dans le Tout, qu'il s'agisse de la nation ou de la classe sociale, ou de tout autre mythe collectif. Eu égard à ce Tout, que peut bien nous faire la réussite ou l'éventuel échec

---

11. Jacques Brault, « Notes sur le littéraire et le politique », *Parti pris,* vol. 2, n° 5, janvier 1965, p. 49.

de l'entreprise sur le plan littéraire ? Pourvu que le Tout, le Mythe, rehausse et exhausse cette œuvre qui ne saurait exister par elle-même !

Notons au passage, puisque Jacques Brault le souligne, que la douleur et l'insécurité liées « au fait d'être nombreux à l'intérieur de soi » (ce que chaque être humain peut ressentir, et pas seulement les Québécois, puisque l'homme ne se définit pas seulement par ce qui le détermine, mais aussi par ce qu'il y a en lui d'indéterminé et de libre, le laissant écartelé entre tous les possibles) sont un terreau fertile d'où « les idéologies politiques exercent leur pouvoir de fascination ». Ces idéologies fascinent, nous dit Jacques Brault, parce qu'« elles offrent, en somme, de nous délivrer de ce problème des choix en le réglant une fois pour toutes[12] ».

L'un des problèmes de l'histoire littéraire au Québec, telle qu'on se la raconte et se la représente, ne serait-il pas alors – suivant en cela la voie du salut assuré par le collectif – de privilégier, règle générale, les œuvres ayant, ou du moins qu'on imagine avoir, un fort coefficient de représentativité sociale ? Un peu comme si *le* rôle de l'écrivain au Québec était de nous représenter *la* société québécoise ; la culture n'étant plus envisagée comme dépassement de soi et du milieu, mais comme reflet de ce milieu. Et si l'écrivain, en dehors de son œuvre ou dans son œuvre, porte la nation avec lui, à bout de bras, on ne saurait demander mieux ! Le problème avec une telle représentation de l'histoire littéraire, on s'en doute, c'est qu'en valorisant les champions du collectif on marginalise du même coup les œuvres singulières, inclassables, personnelles, non représentatives, comme celle de Toupin ou d'autres écrivains, des œuvres qui n'ont pas la prétention de représenter à elles-mêmes la société ou la nation, mais qui pourtant pourraient rejoindre chacun dans ce qui le fait

---

12. *Ibid.*, p. 43.

être *humain* : en s'adressant tout particulièrement à sa sub-jectivité pensante et réflexive, souffrante et désirante.

*   *   *

Comment ce rapport qu'entretient l'écrivain avec son milieu d'appartenance et son œuvre pourrait-il ne pas avoir de répercussions sur sa façon d'utiliser le langage ? S'éton-nera-t-on que son style et son écriture portent la marque de ce rapport ? Évidemment, il peut exister des nuances, des différences de degré entre ces deux pôles que constituent l'écrivain engagé dans le social et le politique, d'un côté, et l'écrivain purement engagé en lui-même et dans son œuvre, de l'autre côté. Parfois, un même auteur peut naviguer entre ces deux pôles, ne donnant à l'œuvre ou au social qu'une partie de lui-même. Cela dit, nous sommes en droit d'essayer de caractériser ces pôles, en dépit de toutes les nuances qui pourraient être faites. ⁄

Ce qui caractériserait l'écrivain engagé serait notam-ment la volonté de produire un *effet immédiat*. C'est ainsi qu'il se débarrassera de problèmes esthétiques jugés trop encombrants ou l'éloignant trop d'une communication directe avec son lectorat. C'est sans doute cette volonté de produire un « effet-choc » qui a incité les écrivains de *Parti pris* à valoriser la langue vernaculaire, jugée refléter davan-tage le milieu et, par conséquent, susceptible d'agir sur lui, voire de libérer ce milieu de l'aliénation qui l'aurait caracté-risé. Quant à l'écrivain engagé en lui-même et dans son œuvre, il se servira du langage de manière à exprimer le plus adéquatement possible sa singularité et la façon particulière dont le monde extérieur se répercute en lui. La langue com-mune sera dès lors fondue dans le creuset intérieur de l'auteur qui cherchera dans les méandres de la création à forger sa propre langue, certes compréhensible aux autres locuteurs de la langue commune, mais portant de manière indélébile sa marque, sa griffe, qu'il ne sera jamais plus possible de confondre avec la langue commune ni celle d'un autre. Mais cela peut prendre du temps à un écrivain en herbe avant d'apprendre à « écrire avec le son de sa propre voix ». Paul Toupin avouera dans ses *Souvenirs pour demain* que son apprentissage a été long et difficile. Il en aura mis du temps, nous dit-il, à croire à sa propre vie et à écrire avec ses propres mots. Aujourd'hui, toutefois, il se reconnaît comme « le père légitime de ce que ses souvenirs ont d'authentique[13] ». Il se reconnaît à son « accent », à son « ton », à son « allure ». Toupin n'écrira plus dorénavant qu'en son nom propre. Il est sorti de la Grande Histoire pour entrer dans le temps du souvenir ; il s'est extrait de la langue commune pour forger la sienne. Affirmant être entré « en solitude comme on entre au couvent[14] » (pour se rendre davantage attentif à lui-même et aux autres), il comparera l'écrivain authentique au saint véritable qui doit fonder son ordre religieux pour y pratiquer une sainteté toute personnelle :

> L'écrivain authentique est à la littérature ce que le saint est à la religion. Ce dernier doit fonder son ordre religieux pour y pratiquer la plus personnelle sainteté. On imagine mal Loyola chez les Dominicains, François d'Assise chez les Bénédictins. L'écrivain fonde son style, crée sa langue, invente son originalité. Irréductibles sont sa forme et son fond[15].

Dans l'un des chapitres de *Walden*, « Lecture », Henry David Thoreau affirmait, au milieu du XIXe siècle, qu'il existait « un intervalle considérable entre la langue parlée et la langue lue ». Il y affirmait que la première, qu'il associait à

---

13. Paul Toupin. *Souvenirs pour demain*, p. 30.

14. *Ibid.*, p. 26.

15. Paul Toupin, « Écrire », repris dans *Au commencement était le souvenir*, p. 68-69.

la langue maternelle, c'est-à-dire à langue vernaculaire, ressemblait à une sorte de dialecte et qu'elle était le plus souvent transitoire. À cette langue maternelle, vernaculaire, Thoreau entendait opposer la « langue de la maturité », qu'il appelait aussi, par opposition à la langue maternelle, la « langue paternelle », autrement dit la *langue littéraire,* « qui est une façon de s'exprimer circonspecte et choisie, trop significative pour être perçue par l'oreille ». Pour parler et écrire cette langue, Thoreau croyait qu'il fallait en quelque sorte « naître à nouveau[16] ».

Ce détour par Thoreau nous indique que l'opposition entre la « langue lue » et la « langue parlée » ne date pas d'hier. Sans nul doute, nous pourrions remonter bien plus loin en arrière. Cela nous indique aussi que cette opposition n'est pas *exclusivement* le fait du Canada français, bien qu'elle puisse y avoir été particulièrement marquée. Cette opposition ne serait-elle pas plutôt universelle ? Flaubert s'exprimait-il comme un bourgeois de province ? Poser la question, c'est y répondre…

Cette *originalité vers le haut* qui caractérise la façon dont l'écrivain transforme une langue parlée en une langue faite pour durer ressemble beaucoup à l'idée que Toupin se fait de l'« écrivain authentique » qui « fonde son style » et « crée sa langue ». Cette façon de travailler la langue commune pour en faire une langue originale et durable est cependant assez éloignée de ce que proposait Paul Chamberland dans « Dire ce que je suis », texte également paru dans le numéro-manifeste « Pour une littérature québécoise » de *Parti pris.* Dans ce texte, Paul Chamberland confiait qu'il était en train de devenir une chose horrible, dont l'abjection dépasse l'entendement : un poète et un écrivain canadien-français. Pour échapper à ce malheur

---

16. Henry David Thoreau, *Walden ou la vie dans les bois,* trad. L. Fabulet, Gallimard, 2003, p. 101.

et à cette honte, il lui « a fallu tout désapprendre. Revenir en arrière, vers le *pays réel,* celui qui *parle mal,* celui qui *vit mal*[17] ». C'était là un beau programme, original en tout cas… Que cette originalité nous élève ou nous abaisse, qu'importe! Pourquoi faire la différence? Je ne sais si Chamberland (poète qui vaut davantage encore une fois que ses positions de partipriste) et Laurent Girouard avaient lu avant d'écrire leur texte ces phrases de Jacques Brault, qui pourraient en être l'ultime réplique : « L'écrivain, tout révolutionnaire qu'il se veuille, ne sera jamais du côté des exploités. S'il en a le courage et la lucidité, il se méfiera de son désir souvent forcené de partager une condition dont tous ceux qui en souffrent ne demandent qu'à sortir[18]. » Même pauvre, l'écrivain est riche. La pauvreté de Rimbaud, ses souliers troués, sa bourse vide, son absence de gîte, tout cela était richesse, car il avait avec lui le Verbe. Les mots étaient sa monnaie courante. C'est plus tard qu'il est devenu pauvre, quand il a cessé d'écrire et qu'il a voulu s'enrichir en devenant trafiquant.

Paul Toupin, lui, aura choisi le rôle (le seul qu'il se reconnaisse) d'écrivain engagé dans son œuvre. Forçant peut-être un peu la note, il ne fit jamais de concession à son milieu d'appartenance. Sans doute lui en aura-t-on un peu voulu. N'est-ce pas lui qui avouait, dans l'« Avant-propos » d'*Au commencement était le souvenir,* ne pas avoir « la fibre patriotique », ce qui est pratiquement sacrilège venant de la part d'un écrivain « québécois » ? D'ailleurs, l'ami à qui il avait dit cela lui avait répondu de ne surtout pas répéter ce qu'il venait d'entendre, car « on ne vous le pardonnerait

---

17. Paul Chamberland, « Dire ce que je suis », *Parti pris,* vol. 2, n° 5, janvier 1965, p. 35.

18. Jacques Brault, « Notes sur le littéraire et le politique », *Parti pris,* vol. 2, n° 5, janvier 1965, p. 46.

jamais, prévenait-il[19] ». Or, Toupin, bravant les conseils de son ami, fait tout le contraire en rapportant l'anecdote en avant-propos, pour être sûr qu'on la lise… Il faut en outre comprendre que si Toupin vénère la langue française, ce n'est ni par soumission ni par esprit de « colonisé », mais bien parce qu'il considère qu'elle est *sa* langue, que c'est grâce à elle qu'il a pu s'élever et découvrir la littérature, et que c'est en l'habitant totalement qu'il pourra forger sa langue d'auteur à même cette langue commune.

Comme l'écrivait Jean Éthier-Blais dans ses *Signets,* on « insulterai[t] au talent de Paul Toupin en disant qu'il sait écrire ». On l'insulterait car Toupin va bien au-delà de ce savoir-faire. Comme tout vrai écrivain, il « se compose un univers d'écriture fait de l'harmonie intime des pensées, des mots qui les traduisent et du rythme savant qui les unit les uns aux autres[20]. » La langue qu'il utilise n'est pas le français standard (la langue des journalistes), elle est la langue de l'écrivain Paul Toupin qui a trouvé le *son* de sa propre voix, c'est-à-dire son style. Et puis, comme le fait remarquer Toupin, les plus grands prosateurs n'écrivent pas *bien,* au sens professoral du terme. S'ils écrivent parfois de manière entortillée et obscure, c'est parce que leur écriture est « germinative », selon l'expression de Toupin, parce qu'elle crée sa propre langue. Il en est ainsi de Saint-Simon, de Balzac et de Proust. Paul Toupin ne se compare pas à ces trois génies de la prose française. D'ailleurs, il ne se prend pas pour un génie, l'étendue de son œuvre reste modeste, et ses « livres valent ce qu'ils valent », selon ses propres termes. Pourtant, il n'en demeure pas moins qu'il y a un style Paul Toupin. Ce style se caractérise dans ses livres de souvenirs par l'omniprésence d'un « je » qui englobe dans un même mouvement

---

19. Paul Toupin, *Au commencement était le souvenir,* p. 13-14.

20. Jean Éthier-Blais, *Signets II,* Montréal, Le Cercle du livre de France, 1967, p. 196.

les souvenirs personnels et les références culturelles. Ce « je » n'en est toutefois pas un du grand dévoilement ; il reste pudique. Le « ton » est sobre, mélancolique. Rigoureux, ce style n'en est pas moins à l'occasion désinvolte, et il ne serait pas fou d'emprunter à Toupin, pour ensuite la lui accoler, une expression qu'il a forgée pour caractériser le style de Valéry : la « rigueur flexible ». Appliqué à se peindre soi-même ou à peindre ses souvenirs, ce style rappelle peut-être davantage celui de Gide, de Montherlant ou de Mauriac (qui partagent avec Toupin la passion du style, de la concision, et un goût prononcé pour la peinture de soi) que celui des prosateurs au long cours précédemment nommés. Je donnerai ici un exemple de ce « style » Paul Toupin en citant le premier paragraphe du livre *Mon mal vient de plus loin*. Cette citation nous permettra ensuite de nous interroger sur le temps du souvenir chez l'écrivain :

> Cette fois, si je vais à Milan, ce n'est ni pour l'Italie, le Duomo, la Scala et Stendhal : amours qui tiennent encore et qui tiendront toujours ; c'est tout simplement parce que je fus près d'y mourir : non de mort violente – je ne suis pas si aventurier que ça – mais d'un mal physiologique. Ma mort n'eut rien changé à rien ; je connais mon importance, légère comme de la fumée ; elle ne fait pas le poids. Il y aurait eu assurément des larmes, et vraies, et deux ou trois éloges un peu vrais, un peu faux, ce que doit être tout éloge. Mais je vis, et je retourne à Milan comme un ancien combattant retourne voir sur le champ de bataille l'endroit où il a failli laisser sa peau. C'est à Milan que j'ai failli laisser la mienne ; elle porte les cicatrices de très graves blessures ; ma mémoire en est restée traumatisée. De là ce petit livre, car je me rappelle pour le transcrire que, n'en pouvant plus de souffrir, je désirais mourir. C'est la mort qui n'a pas voulu de moi. Pour elle, qui ne perd jamais et qui finit toujours par nous avoir, c'est partie remise. Je profite du sursis qu'elle m'accorde pour redescendre à l'hôtel, où, elle et moi,

nous avons partagé la même chambre, occupé le même lit. Funèbre promiscuité ! Mais voilà que j'anticipe sur les événements et que je cède à la manie que j'ai de remonter le cours du temps par des raccourcis. C'est, peut-être aussi, que ce que j'ai vu ne se regarde pas deux fois en face[21].

*   *   *

Cette citation, en plus d'illustrer le style Paul Toupin (une autre aurait pu remplir la même fonction), ouvre à une dimension de son écriture : l'*écriture du souvenir,* qui elle-même ouvre à une *autre* conception du temps et de l'Histoire. Par l'écriture du souvenir, Toupin entre dans le *temps du souvenir.* Le temps du souvenir crée un nouvel espace-temps, détaché de l'actualité et de la grande Histoire. L'écriture du souvenir crée sa propre histoire, l'*autre* histoire, personnelle, intime, singulière, suivant en cela le fil ténu de la mémoire et de la conscience individuelles qui recomposent la trame d'une vie, d'*une* vie qui a certes eu sa dose de la grande Histoire (comme toute vie), mais qui ne s'y réduit pas, puisqu'elle s'est d'abord sentie, éprouvée, vécue *à l'intérieur,* dans le creuset de l'intériorité, loin des grandes convulsions de l'Histoire, des idéologies qu'elle charrie et de l'effroyable bavardage des jours.

Cette écriture se veut au plus près de soi, de ce qui nous a marqué et de ce que nous avons aimé. Écrire ainsi suppose qu'on ne se servira pas de la langue pour délivrer un quelconque message « idéologique » ni pour reproduire la « bêtise assommante » des propos journaliers. Dans *Mon mal vient de plus loin,* Toupin, qui voyage en France et en Italie, raconte comment il a dû feindre un jour de somnoler dans un autocar bondé pour ne pas avoir à écouter de « fâcheux bavards » et à « tomber dans le marécage de leurs

---

21. Paul Toupin, *Mon mal vient de plus loin,* Montréal, Le Cercle du livre de France, 1969, p. 11-12.

conversations[22] ». À un autre endroit, dans un wagon, alors qu'il était seul avec une vieille dame, le silence s'est installé. Ce n'est pas Toupin qui aurait rompu ce silence, puisque le silence et lui sont « de vieilles connaissances ». Ce silence qui s'installe dans le wagon, cette absence de paroles échangées, permet à Toupin une formidable plongée en lui-même, dont il ne sortira qu'une fois arrivé à destination. L'absence de paroles « réelles » permet au *murmure* de la conscience et du souvenir de faire son chemin. De ce travail en soi de la conscience et du souvenir, l'écriture de Toupin portera la marque. Est-ce à dire que Toupin ne s'intéresse à rien en dehors de lui-même et que seule sa voix lui importe ? Certes, il y eut sans doute des êtres plus sociables et liants que Paul Toupin ! Toutefois, on ne saurait ignorer que s'il se rend à Rome, et ce, au péril de sa santé et de sa vie (car il est très malade et il ferait mieux d'aller se faire soigner), c'est pour retrouver Franco, dont la *voix,* justement, lui permet de renouer avec le fil de sa propre vie, un peu comme si sa vie n'était pleine que lorsqu'elle était mise en rapport avec cet ami dont la voix est si précieuse. À cet ami hors du commun, toujours prodigue de sa personne et de son temps, il voudrait dire « merci ». L'Europe entière serait pour Toupin dépouillée de son âme si Franco n'y était pas, car comme l'écrit Toupin : « Rome sans Franco n'était plus Rome. Il avait été le prétexte de tous mes voyages, car si l'Europe, c'était l'Italie, l'Italie c'était Rome, et Rome c'était Franco[23]. » Que de syllogismes pour évoquer l'amour, ou l'amitié (la frontière n'étant ici pas très bien définie), qu'on a pour quelqu'un !

Par cette écriture du souvenir, Toupin entre dans le temps du souvenir ; il s'écarte ainsi de la grande scène du monde, tire sa révérence et semble dire adieu à l'Histoire. À

---

22. *Ibid.,* p. 21.

23. *Ibid.,* p. 33.

cet égard, il est intéressant de noter que le personnage principal de la pièce *Chacun son amour* commence à écrire ses mémoires avant même la tombée du rideau. À la toute fin, il est pris d'un malaise, peut-être meurt-il ainsi. Par cette finale, on a l'impression que Toupin, jusque-là homme de théâtre, ménage sa propre sortie de scène, se donne symboliquement la mort, pour pouvoir ensuite renouer avec l'écriture du souvenir avec laquelle il avait commencé sa carrière d'écrivain en publiant à compte d'auteur *Au delà des Pyrénées,* en 1949. Cette pièce, écrite en 1955, succédait à *Brutus* et au *Mensonge.* Ce n'est que vingt-cinq ans plus tard que Toupin publiera une nouvelle pièce de théâtre, *Son dernier rôle,* comme quoi les morts symboliques qu'on se donne sur scène peuvent durer longtemps, le temps peut-être d'écrire ses souvenirs…

Toutefois, si Toupin sort de l'Histoire, quitte la scène, il n'est pas dit qu'il ne veuille y revenir par une porte de côté. Cette porte, c'est l'écriture qui l'ouvrira. Si un jour Toupin entre dans l'histoire (dans notre histoire personnelle parce qu'on l'aura lu, ou plus généralement dans l'histoire littéraire), c'est parce qu'il aura pris le risque de sortir de l'Histoire commune pour explorer l'*autre* histoire, celle qui s'est jouée à l'intérieur de sa conscience et de sa sensibilité. Le titre de son livre autobiographique, *Souvenirs pour demain,* est à cet égard significatif. En effet, Toupin écrit ses souvenirs « pour demain ». S'écartant de l'histoire commune pour évoquer son histoire personnelle, Toupin n'en demeure pas moins hanté par le passage du temps. S'il écrit ses souvenirs, et de la façon dont il les écrit, c'est aussi parce qu'il espère durer, mais il ne pourra *durer* que s'il réussit, par l'écriture, par la langue originale qu'il se sera forgée, à imposer à l'histoire commune son histoire personnelle. Je ne citerai qu'un passage, assez long (ce ne sera pas perdu), tiré des *Souvenirs pour demain,* pour illustrer cette subversion qu'opère Toupin de la grande Histoire par la petite histoire :

L'actualité d'alors ne nous intéressait pas. Pourtant, de graves événements se déroulaient. C'était la guerre et la déroute alliée. La France capitulait, Londres était bombardée. Des milliers de gens mouraient. Mais ces catastrophes ne nous atteignaient pas. Il n'y avait qu'une mort pour nous et c'était celle de mon père. C'était bien la seule qui échappait à la folie collective d'extermination qui s'était emparée des peuples. Faut-il croire que les guerres donnent un destin à ceux qui sans elle n'en auraient pas ? On meurt pour la patrie et sur le champ de bataille. Mais on tremble de mourir dans son lit et d'un cancer. Mon père, lui, mourait pour rien, ni pour la patrie, ni pour la famille, ni pour sa foi, ni pour la médecine. Il mourait, vidé de tout idéal, dans des souffrances qu'il endurait pour rien, et auxquelles il avait cessé de résister. Il mourait sans tambour ni trompette, sans coups de canon, sans discours prononcé, entouré de sa famille qui lui était devenue étrangère, sous la garde inutile de médecins. Il n'avait pas été brave. Il s'était plaint, il avait pleuré, il avait crié. Il s'était découragé de ne pas se voir guérir, il s'était désespéré quand on lui avait annoncé sa mort. [...] Je lui étais reconnaissant de mourir ainsi, à l'écart du tumulte fanatique. Je l'admirais de ne pas se sacrifier. Car l'eût-il fait, son sacrifice eût servi qui et à quoi ? Il ne jouait pas de rôle, il ne pouvait donc pas en jouer de mauvais ou de bon. Il ne laissait pas d'argent. Il ne ferait pas d'ingrats. Il avait poussé de vrais cris quand ses souffrances le faisaient crier. Aucune balle ne lui perçait la tête. La fin de sa vie n'était pas passionnelle. Il n'en appelait pas à son honneur, à une morale. Enfin, il ne mourait ni en héros ni en saint. Et je lui étais redevable de n'avoir rien dit d'extraordinaire. Il mourait comme il devait mourir[24].

Dans ce passage du « Requiem », Toupin, qui avait environ vingt ans, évoque la mort de son père et le tragique

24. Paul Toupin, *Souvenirs pour demain*, p. 90-93.

qu'il y a à mourir « pour rien », sans héroïsme, sans cause à défendre, seul face à la mort. Faisant cela cependant, il évoque aussi quelque chose d'universel, de commun à tous les hommes, qui transcende les époques et les guerres mondiales : le fait que l'homme est seul et impuissant devant la mort, qu'il ne sait pas pourquoi il meurt ni ce qui l'attend après.

L'*autre* histoire concerne donc aussi chacun d'entre nous, non pas en bloc comme la grande Histoire qui charrie dans ses flots les peuples, les guerres, les masses d'hommes et leurs cadavres, mais *chacun* pris isolément, car chacun est aussi un cas singulier en face de son destin. Plus d'une fois, Toupin évoque, un peu comme s'il manquait de ponts entre les hommes, ces moments où la parole a fait défaut, soit parce qu'il était trop jeune pour s'exprimer comme l'auraient voulu ses sentiments, soit parce que la communication avait été rompue ou, tout simplement, parce que le regard de son père, lorsqu'il se posait sur lui, le faisait « presque défaillir ». L'écriture du souvenir permet à Toupin d'évoquer, avec la langue qu'il s'est forgée, ce qui n'avait pu l'être jusqu'alors et qui gisait au fond de sa mémoire, dont personne n'aurait jamais rien su s'il ne l'avait couché sur le papier. Souvent, il évoque les amis et les personnes qu'il a aimés, mais il le fait du sein d'une absence, d'une non-présence dont la mort est souvent responsable. Sans l'écriture et le souvenir, le dialogue serait à jamais rompu entre eux et lui. Mais il les ressuscite, recréant ainsi une communauté selon son cœur qui va de sa grand-mère à son père, et ce, jusqu'à Montherlant qu'il a connu, en passant par Didi (la bonne de son enfance, « dont la folie, si c'en est, fut la bonté[25] »), Mme de Courcy (l'aimable, la distinguée, la chaleureuse comtesse qui a pour neveu nul autre qu'Henry de

---

25. Paul Toupin, *Le cœur a ses raisons*, Montréal, Le Cercle du livre de France, 1971, p. 25.

Montherlant), Franco (l'indispensable ami) et tous les autres : Berthelot Brunet, Pierre Baillargeon, Philippe La Ferrière, François Hertel, sans oublier l'« être aimé » naguère, au sortir de l'adolescence, que Toupin évoque dans ses *Souvenirs pour demain* sans jamais le nommer ni même définir son genre. Non content donc d'avoir forgé sa propre langue, de s'être extrait de l'Histoire commune pour évoquer la sienne, Toupin s'arrache aussi à toute communauté définie à l'avance pour en recréer une autre selon son cœur, au gré de ses souvenirs. Mais peut-être est-ce cela, un écrivain : quelqu'un qui s'engage d'abord en lui-même, qui crée sa langue à même la langue commune, qui renverse le cours du temps et de l'Histoire pour faire apparaître une durée qui lui est toute personnelle et qui, plutôt que de s'en remettre à une communauté prédéfinie, invente sa propre communauté.

*   *   *

À une époque où nombre d'intellectuels québécois, dans le sillage de *Parti pris,* voulurent dans les années 1960 assumer un rôle historique et politique (par leurs écrits ou par l'action publique et politique), les livres de Paul Toupin publiés durant la même période allaient dans une tout autre direction : à la grande Histoire, Toupin allait opposer une *autre* histoire, celle qui se jouait dans le creuset de l'intériorité ; aux « tâches historiques » échues à l'écrivain québécois, Toupin allait préférer les « tâches esthétiques » échues à l'écrivain engagé dans son œuvre, qui lutte pour subvertir la grande Histoire et imposer sa *voix,* son *style,* sa *mémoire* à l'histoire et à la langue communes.

Aujourd'hui, la voix de Paul Toupin s'est perdue. La grande Histoire, celle de la Révolution tranquille, a eu raison de cette voix isolée et pudique. La voix d'*un* isolé, à une époque de grands bouleversements sociaux et politiques, peut parfois paraître anachronique aux contemporains de cette voix. Intemporelle, inactuelle est la voix de l'isolé. Pourtant, n'est-ce pas cette voix, celle de l'isolé d'alors, qui est susceptible de rejoindre l'isolé d'aujourd'hui ?

Cette voix de Paul Toupin, je l'ai surtout entendue à la lecture de ses livres de souvenirs ; le dramaturge, plus connu à une certaine époque, mais tout aussi oublié aujourd'hui, ne m'aura pas rejoint de la même façon. Ayant parlé jusqu'ici de Paul Toupin avec une certaine admiration, je ne voudrais pas pour autant laisser entendre qu'il s'agit de ce qu'on pourrait appeler un « grand écrivain ». Je dirais plutôt qu'il y avait en lui, dans les années 1960, la promesse d'un grand écrivain, promesse qu'il n'aura pas tenue jusqu'au bout. La dernière période de sa vie est en effet assez nébuleuse. Il se serait, paraît-il, exilé en Espagne vers la fin des années 1960 ou le début des années 1970. Il continuera certes à publier, mais à un rythme moins soutenu. Après la publication en 1971 de son recueil de souvenirs *Le cœur a ses raisons*, un petit livre remarquable, l'œuvre de Paul Toupin semble s'étioler et perdre en intensité. Par exemple, *De face et de profil*, autre livre de souvenirs publié en 1977, me paraît quelque peu insignifiant, dans la forme comme dans le fond, si on le compare à *Souvenirs pour demain*, à *Mon mal vient de plus loin* et au *Cœur a ses raisons*.

Que s'est-il passé entre-temps ? Le ressort s'est-il brisé ? L'exil lui aura-t-il été fatal ? Toupin a-t-il senti, comme bien d'autres de sa génération, qu'il n'avait plus sa pertinence (culturellement parlant) dans le Québec qui se mettait alors en place au milieu des années 1960 ? En fut-il aigri ? A-t-il démissionné de l'exigence intérieure qu'il avait poursuivie jusqu'alors ? S'est-il découragé, ou alors a-t-il cru trop tôt qu'il en avait fait assez ? Est-il tombé malade ? Peut-être ne le saura-t-on jamais. On ne peut que formuler des hypothèses…

Cela dit, il y avait dans les ouvrages de Paul Toupin publiés de 1960 à 1971 une promesse, une autre conception de l'histoire et de la littérature qui s'essayait. Une autre voie que celle qui allait triompher était ouverte. Que Paul Toupin ne l'ait pas arpentée jusqu'au bout, qu'il n'ait en aucune manière réalisé quelque chose de comparable à la *Recherche du temps perdu* de Proust, par exemple, n'enlève rien à la pertinence de cette *autre* voie qu'il indiquait et sur laquelle il s'était avancé. La richesse d'une culture ne vaut pas seulement par ses plus hautes réalisations, mais aussi par son terreau, l'humus d'où sortiront un jour ses plus belles réussites. La promesse que recelaient les livres de Paul Toupin de cette période mérite d'être entendue si l'on veut que cette promesse soit un jour tenue : la promesse d'une œuvre qui, par elle-même, renverse le cours du temps et de l'Histoire plutôt que d'être le produit de cette Histoire.

L'autre modernité

> *Qui me verra sous tant de cendres,*
> *Et soufflera, et ranimera l'étincelle ?*
> *Et m'emportera de moi-même,*
> *Jusqu'au loin, ah ! au loin, loin !*
> *Qui m'entendra, qui suis sans voix*
> *Maintenant dans cette attente ?*
>
> SAINT-DENYS GARNEAU, « Lassitude »

Aura-t-on voulu condamner Saint-Denys Garneau au purgatoire ? Il revient, plus actuel que jamais dans son inactualité, étonnamment présent… Aura-t-on voulu en faire le symbole de l'aliénation sociale ou religieuse des Canadiens français ? Sa poésie, singulièrement déliée, son visage, protéiforme, à la fois si proche et si lointain, reviennent nous hanter, nous bousculer, briser notre carapace, nous inquiéter… Qu'il soit d'hier ou d'aujourd'hui, le lecteur, si tant est qu'il s'ouvre à cette parole « sans voix », n'en sortira pas indemne. Le dépouillement de Saint-Denys Garneau a une étrange vertu corrosive, et il nous atteint en plein cœur après nous avoir laissé nu et écartelé dans l'attente. Un vent souffle sur cette poésie, et c'est le vent froid de l'intranquillité, qui « Vous fouette / Et vous rend conscient nettement comme l'acier[1] ».

En 1935, à l'âge de vingt-trois ans, Saint-Denys Garneau

---

1. Saint-Denys Garneau, « Tu croyais tout tranquille », dans *Poésies complètes,* Montréal, Fides, 1969, p. 85.

écrit dans son *Journal* que « seuls vivent ceux qui poursuivent la solution d'une réponse ». Et il ajoute : « Un homme est mort quand tout lui semble résolu. » Peut-être est-ce parce que rien n'a été résolu que Saint-Denys Garneau continue de nous hanter – d'ailleurs, il faudrait se demander si les questions qu'il se posait étaient de celles qui peuvent être résolues. Probablement pas… Que reste-t-il alors ? Beaucoup de questions et peut-être une « intuition, à défaut de la connaissance, de cet au-delà mystérieux[2] ». Et on se rappelle alors ces deux dernières images poétiques que Saint-Denys Garneau nous a laissées : celle d'un être voulant « s'endormir à cœur ouvert » et celle de cette « épine dorsale », « ce quelque chose qui reste en lui dressé, qui ne se laisse pas courber », « une espèce de loi de la vie, une loi de sa vie, une exigence verticale qu'on n'a pas moyen de faire taire, d'effacer[3] ».

De cette « exigence verticale » et de cette inquiétude (intranquillité qui se mue en soif de verticalité) je reparlerai. Mais avant, j'aimerais alléger quelque peu Saint-Denys Garneau du poids de la critique et de l'Histoire, pour mieux le retrouver par la suite, épuré, inquiet, « impondérable ». Rappelons-nous à ce sujet que le seul recueil de poésie qu'il publia de son vivant s'ouvrait sur un poème liminaire où il demandait qu'on le laissât « traverser le torrent sur les roches », c'est là, « sans appui », qu'il disait se reposer :

> Mais laissez-moi traverser le torrent sur les roches
> Par bonds quitter cette chose pour celle-là
> Je trouve l'équilibre impondérable entre les deux
> C'est là sans appui que je me repose[4].

---

2. Saint-Denys Garneau, *Journal*, Montréal, Beauchemin, 1954, p. 62-63.

3. Saint-Denys Garneau, « Après tant et tant de fatigue », dans *Poésies complètes*, p. 220 ; *Journal*, p. 238.

4. Saint-Denys Garneau, « C'est là sans appui », dans *Poésies complètes*, p. 33.

Je ne sais si l'on ne pourra jamais l'y rejoindre sans en déformer l'image…

Saint-Denys Garneau, « mon » contemporain

Place à l'homme, place à l'intériorité ! – La voix tantôt brisée, tantôt rompue, tantôt exaltée de Saint-Denys Garneau ne saurait être réduite à une quelconque réalité sociologique ou historique – ce qui ne revient pas à nier l'importance du « donné » dans la culture, mais plutôt, comme le fait remarquer Saint-Denys Garneau lui-même dans ses « Notes sur le nationalisme », à en relativiser l'importance, en étant surtout capable de le transcender, de le faire accéder à autre chose : à l'humain, à l'universel. C'est ce que fit Saint-Denys Garneau en portant à l'expression une expérience inusitée, intime et singulière, en nourrissant de sa chair des mots qu'il allait laisser sur le papier – des mots qui, encore tout palpitants, allaient voyager dans l'espace et le temps à la recherche d'un écho fraternel, d'une chambre de résonance capable de les accueillir.

Sa solitude est peut-être liée à la solitude du créateur canadien-français, exclu de l'effervescence et du prestige des grands milieux intellectuels européens ou américains, isolé dans sa propre communauté, mais elle est aussi celle de tout créateur authentique qui se singularise à mesure que prend forme son œuvre. Son silence final, bien qu'inquiétant, n'est pas non plus typiquement canadien-français, même s'il y a une longue tradition de silence au Canada français (paroles qui se sont perdues dans les bois ou qu'on n'a pas osé dire). Saint-Denys Garneau aurait pu ne pas se taire, mais son cheminement personnel et les épreuves, telles la maladie, l'angoisse et la critique acerbe d'un Claude-Henri Grignon par exemple, l'ont amené (sans doute à tort) à renoncer à l'écriture. Mais, que je sache, Saint-Denys Garneau n'est pas le seul poète précoce à s'être réfugié dans le silence. Rimbaud n'était pas, il me semble, canadien-français. Bref, il serait infiniment réducteur de faire de l'œuvre de Saint-Denys Garneau le symbole d'une quelconque aliénation, quelle qu'elle soit; plutôt faudrait-il y voir le symbole d'un effort sans précédent au Canada français pour libérer l'humain en l'homme et délier en lui une soif authentique d'absolu. Que cette libération soit douloureuse, risquée, profondément angoissante, on ne saurait le nier. Ni que cette libération puisse conduire à une sorte d'impasse, comme lorsque le sujet à peine émergé, le « moi pensant », n'arrive plus à se ressaisir et à prendre appui en lui-même, qu'il se fend de toutes parts, fuit, s'effrite, se disloque. Malgré ces risques, dont Saint-Denys Garneau fut la première victime, risques qui l'auront finalement rendu « sans voix », il n'en demeure pas moins que l'œuvre de ce jeune poète qui valorisait l'inquiétude avant d'être finalement broyé par elle a irrémédiablement rompu avec la torpeur ambiante, sorte de narcose généralisée, et avec la tendance de l'époque à vouloir faire de la littérature canadienne-française la remorque de l'idéologie nationaliste et conservatrice des bien-pensants.

Saint-Denys Garneau n'avait cependant pas grand-chose à opposer aux pontifes de la littérature nationale : il n'avait que son petit « moi » mal assuré, déjà fragmenté, ses questions sans réponse... Mais c'est avec ces « riens », ces débris de la Nation, ces petits « je » égarés « qui restent avec leur cœur au vent sans abri[5] », tel le cœur de Saint-Denys Garneau, que la modernité intellectuelle et littéraire voit le jour au Québec – mais pas seulement ici, puisque la modernité, essentiellement, renvoie à l'émergence du sujet et de la subjectivité, laquelle, pour apparaître, a besoin de se délester du poids de l'Histoire.

---

5. Saint-Denys Garneau, « Mais les vivants n'ont pas pitié », dans *Poésies complètes*, p. 202.

Si, par ailleurs, la modernité intellectuelle au Québec s'est développée en établissant un réseau de distinctions de manière à faire échec à l'idéologie clérico-nationaliste qui mettait tout dans le même panier (l'Église, l'État, la Nation, la Culture et le Peuple – mystique englobante et totalisante devant laquelle l'individu devait s'abolir a priori), il ne faudrait pas négliger, pour comprendre le travail de la modernité au Québec avant la Révolution tranquille, cette distinction que fait Saint-Denys Garneau entre la *culture,* qui s'adresse à l'humain en l'homme, et la *nation,* qui est un « donné », mais qui n'est pas la culture, c'est-à-dire l'effort pour rejoindre l'humain en l'homme et dépasser le « donné ». Entre le Canadien français et l'homme que la culture cherche à façonner, il n'y a pas opposition, « mais seulement une distinction de priorité de valeur, de direction ». « Faire des hommes avec des Canadiens français et non pas des Canadiens français avec des hommes[6] », voilà le but que la culture devrait s'assigner. Suivre la voie inverse équivaudrait à une sorte de suicide culturel, d'avortement plus ou moins prémédité de la pensée personnelle au profit du Peuple ou de la Nation ainsi sacralisés.

Ce but, « libérer l'humain », en art, en littérature et dans la vie, n'est pas qu'un postulat théorique. En fait, Saint-Denys Garneau formule cette position en 1938, après avoir écrit la plus grande partie de son œuvre, une œuvre qui, justement, a comme caractéristique essentielle de faire place à l'homme, à l'intériorité pensante et souffrante, à l'être de chair : bref, à la *personne* humaine. Que le cheminement intellectuel et créateur de Saint-Denys Garneau puisse être replacé dans une perspective chrétienne, qu'il ait emprunté à l'occasion, dans son *Journal* et dans ses *Lettres à ses amis,* une terminologie et des raisonnements issus de cette tradition ne change rien à la singularité de cette expérience,

6. Saint-Denys Garneau, *Journal,* p. 206.

singularité qui confine parfois à un sentiment poignant d'incommunicabilité, comme lorsqu'il écrit à Jean Le Moyne, celui de ses amis à qui il s'est le plus confié dans ses lettres : « Car, vois-tu, l'abîme que tu sens entre nous, il est pour moi entre chacun et moi-même et je sais qu'on ne peut le briser, car ce n'est pas un défaut de rapports mais le trou de néant en moi-même où je me suis effondré, qui m'a gagné, qui m'a bu, a compromis le peu que j'étais[7]. » En lisant ces lignes, on imagine qu'il est difficile d'être plus seul, d'être plus irrémédiablement séparé. D'ailleurs, la singularité de cette expérience (si on voulait en douter) se révèle d'abord dans sa poésie, et pas seulement dans les thèmes, mais dans la forme que prend cette expression, privilégiant le vers libre, le dépouillement, les anaphores et les jeux sur les pronoms personnels qui rendent compte de l'impuissance du poète à se saisir et à refaire son unité. Parmi de multiples exemples possibles, je citerai ces quelques vers d'un grand solitaire esseulé et déserté de lui-même :

> Alors l'âme en peine là-bas
> C'est nous qu'on ne rejoint pas
> C'est moi que j'ai déserté
> C'est mon âme qui fait cette promenade cruelle
> Toute nue au froid désert
> Durant que je me livre à cet arrêt tout seul
> À cette solitude fermée[8]

Saint-Denys Garneau a écrit sa poésie avec son sang, avec sa chair, et, quelques années après avoir commencé son œuvre, qu'il a rédigée essentiellement entre 1935 et 1938, il

---

7. Saint-Denys Garneau, *Lettres à ses amis*, Montréal, HMH, [26 novembre 1938] 1967, p. 393.

8. Saint-Denys Garneau, « Ma solitude n'a pas été bonne », dans *Poésies complètes*, p. 149.

ne restait plus que les os, tant le dépouillement avait été total, irrémédiable, final : « Quand on est réduit à ses os / Assis sur ses os / couché en ses os / avec la nuit devant soi[9]. » Si cette poésie peut encore nous rejoindre, nous qui vivons aujourd'hui et non dans le Canada français d'antan, c'est parce qu'elle aura été capable de s'élever au-dessus du « donné » (national, formel, thématique ou autre), parce qu'elle aura refusé aussi bien le régionalisme étriqué que l'imitation stérile des maîtres européens (ce qui n'est guère mieux), pour suivre la voie inquiétante et périlleuse de l'individualisation tant formelle que personnelle ; individualisation qui, en s'approfondissant, en séjournant dans l'abîme de l'être, aura peut-être réussi à se dépasser en devenant un chant *ténu* mais *universel,* parce que se faisant l'écho de ce qu'il y a de plus seul, de plus abandonné et « sans abri » dans l'homme d'aujourd'hui, qu'il soit d'ici ou d'ailleurs.

*   *   *

Le fantôme de Saint-Denys Garneau – Cette actualité et cette contemporanéité de la voix de Saint-Denys Garneau, je pourrais essayer de les prouver de différentes manières : l'une d'elles consisterait à voir comment son fantôme, après avoir été écarté dans les années 1960 par les poètes des Éditions de l'Hexagone, qui rejetèrent cette intériorité souffrante et solitaire (coupée du monde, loin du Peuple et du Pays), réapparut dans les années 1980 et influença plusieurs poètes de la relève au Québec, qui allaient redonner à l'intime et à l'intériorité une place de choix dans leur poésie. Toutefois, brosser un tel portrait de la poésie contemporaine au Québec serait un peu long et laborieux. Par ailleurs, et ce, même si je ne suis pas *le* critère par excellence pour

---

9. Saint-Denys Garneau, « Quand on est réduit à ses os », dans *Poésies complètes,* p. 210.

juger de la contemporanéité d'une œuvre, je me rappelle l'effet qu'a produit sur moi ma première lecture de la poésie de Saint-Denys Garneau. Cette lecture m'a donné un choc des plus réels : sa solitude, son inquiétude métaphysique, son désir d'absolu, sa pauvreté (ses mains qui ne savent rien retenir « Et qui frémissent / Dans l'épouvante d'être vides[10] ») m'avaient rejoint ; peut-être aussi avais-je senti alors une présence, une parole fraternelle qui s'était épurée par l'ascèse poétique et spirituelle ; mais plus profondément encore, ou peut-être plus simplement, parce qu'une solitude s'était adressée à une autre solitude, par-delà le temps et l'espace, remplaçant en quelque sorte la communion des saints par une *communion des solitaires* : la fratrie des isolés. Je sais bien que ce n'est pas une preuve, mais c'est un exemple de réception parmi d'autres, et puisque je ne connais personne mieux que moi…

À mon avis, Garneau allait à l'essentiel, disait cette blessure irréparable d'être seul à être soi, de même que l'incapacité, ou l'impossibilité, d'être pleinement soi, toujours manquant d'une manière ou d'une autre. Cette pauvreté de Garneau, ce dépouillement radical, brisait en outre cette cuirasse qu'on peut être amené à se faire pour se donner l'impression de savoir qui l'on est et ce que l'on veut, alors qu'on est si peu au fond, et si indéterminé. Cette pauvreté rejoignait donc celle de l'homme moderne, contemporain (la mienne ou celle d'un autre), abandonné à lui-même, ayant de moins en moins de repères extérieurs pour se diriger dans l'existence, de moins en moins de valeurs sûres et établies auxquelles il pourrait s'en remettre les yeux fermés. Or, cette solitude de Saint-Denys Garneau ne serait-elle pas ce qui le rendrait plus actuel que jamais, ferait retour plus que jamais, crierait plus que jamais, car derrière le triomphe

---

10. Saint-Denys Garneau, « Tu croyais tout tranquille », dans *Poésies complètes*, p. 87.

matériel de nos sociétés modernes, il y a aussi une *pauvreté existentielle,* une solitude et une faille (plus ou moins colmatée) qui logent en chacun, qu'on se l'avoue ou non, et que la profusion des biens matériels et les écrans de toutes sortes ne peuvent masquer qu'un moment, ou différer la rencontre ?

Parlant de rencontre, Saint-Denys Garneau n'aurait jamais pu aller à la nôtre (nous qui le lisons aujourd'hui) s'il n'avait d'abord été à la rencontre de son temps. En cela, il mériterait encore que nous l'imitions. Par le biais de ses lectures, notamment, mais aussi par une réflexion sur l'art moderne (Cézanne, Renoir) et la musique (Debussy, Stravinsky, Mozart, etc.), Saint-Denys Garneau a élargi ses horizons : il a fait éclater les bornes de son petit moi et a échappé à l'étroitesse d'un certain milieu intellectuel canadien-français, non pas en rejetant tout de ce milieu, mais en l'*élaguant* de ses conformismes et de sa torpeur par la voie de l'« incarnation », pour mieux reprendre à son compte l'héritage chrétien et la soif d'absolu qui y gisaient. « De plus en plus dépaysé parmi cette société », le jeune Saint-Denys Garneau déplorait « combien l'ordinaire y est roi et remporte tous les suffrages, ne blessant personne, combien impitoyablement le supérieur et l'original en est rejeté ou à peine supporté, quand il est sage, comme un étranger, et en le lui faisant sentir[11] ». Saint-Denys Garneau se place ici du côté de l'« étranger », de celui qui veut s'élever et se singulariser, qui rompt avec son milieu et qui, sans quitter sa patrie, devient un expatrié.

On a entraperçu comment il en était venu à vouloir incarner cette « exigence verticale » par cette image épurée qu'il nous a laissée de « l'épine dorsale », qui ne veut ni ne peut se rompre, image qui prit finalement toute la place dans sa vie, au détriment de l'écriture… hélas ! Cette « exi-

---

11. Saint-Denys Garneau, *Journal,* p. 44.

gence verticale », qui peut bien sûr être interprétée dans un sens chrétien, n'enlève cependant rien à la singularité de l'expérience qu'elle décrit. Les œuvres de Baudelaire et de Dostoïevski, auteurs que Saint-Denys Garneau avait lus avec admiration, sont-elles désuètes ou alors mort-nées parce qu'elles sont très fortement marquées par la pensée et la problématique chrétiennes ? Certainement pas ! Autre question : faut-il nécessairement être athée pour être de son temps et apporter à la culture occidentale quelque chose de singulier et de novateur au XXe siècle ? Pas nécessairement : pendant toute la première moitié de ce siècle au moins, il y eut en France, par exemple, de très grands écrivains et des penseurs qui ont cherché à revivifier le christianisme. Certains écrivains (Mauriac, Green, Bernanos) ont mis l'angoisse et l'inquiétude métaphysique au cœur de leur démarche d'écriture, tandis que Gabriel Marcel et Mounier tentaient de redonner à la personne humaine le sens de son incarnation. Même Bergson, avec le génie qui lui est propre, s'y est mis vers la fin de sa vie en publiant *Les Deux Sources de la morale et de la religion*.

Lorsqu'on lit la correspondance de Saint-Denys Garneau avec ses amis écrivains, on s'aperçoit que c'est avec ces auteurs « chrétiens » qu'il s'entretenait le plus régulièrement. Et il ne faudrait pas oublier ici le néo-thomiste Jacques Maritain, à qui Saint-Denys Garneau et ses amis de *La Relève* avaient emprunté la vivante exigence de la *Primauté du spirituel* (1927) dans la vie de tous les jours. Toutefois, ces auteurs et l'orientation chrétienne de sa pensée n'ont pas empêché Saint-Denys Garneau de regarder ailleurs et d'élargir son champ de vision. Au programme, il y avait aussi Kafka « l'admirable », Rilke, Poe, Maeterlinck, Éluard, Supervielle, Jouhandeau, Verlaine, Oscar Wilde, Malraux, Tchékhov et Thomas Mann, pour ne citer que ceux-là. Pour un Canadien français dans la vingtaine à la « besace percée », un « mauvais pauvre » incurable, ce n'était pas si mal pour l'époque ! Il ne devait pas y avoir beaucoup de gens au Canada français qui avaient lu ces auteurs en ce temps-là, et même aujourd'hui ! En nous débarrassant de nos œillères, nous pourrions même voir, à la lecture de certaines pages du *Journal* (je pense entre autres aux nombreuses amorces de récits et de nouvelles, comme le « Destructeur »), la préfiguration, dans le sillage de Kafka, d'une sorte de Beckett chrétien ou de Blanchot dans la prose de Saint-Denys Garneau, ce qui en ferait un auteur tout aussi bien « moderne » que « postmoderne », si nous voulions absolument apposer une étiquette sur son œuvre.

Malheureusement, Saint-Denys Garneau n'aura jamais donné suite à ses idées de récits. Très rapidement, l'auteur de *Regards et jeux dans l'espace* remettra en question ses talents littéraires et son orientation : « La tendance est insupportable, écrira-t-il un jour à Jean Le Moyne : vivre de moi-même ; je ne contiens pas assez. Mes quelques éclats de jeunesse sont passés. » Peu après la parution du seul recueil de poésie qu'il publia de son vivant, Saint-Denys Garneau eut une crise de doute et d'angoisse très profonde dont on peut suivre le développement dans son *Journal* et sa correspondance. « Si tu savais les épouvantes que je traverse depuis des mois et où, dernièrement, je suis complètement pulvérisé et obscurci, tu ne penserais pas que j'exagère », confiera-t-il à son correspondant. De cette crise qui prend le relais de l'enthousiasme général des premières années de formation (malgré la maladie et des périodes plus difficiles) Saint-Denys Garneau ne se remettra jamais complètement : « Je n'ai pas de répit, confiera-t-il encore à Jean Le Moyne dans une autre lettre, je veux dire que je suis comme en suspens dans le vide du matin au soir, à bout de bras, non pas sans joie, mais sans réalité, sans aucune communication avec rien, complètement séparé[12]. » Ces cris d'angoisse adressés à ses amis sont hélas excessivement nombreux et

---

12. Saint-Denys Garneau, *Lettres à ses amis,* [31 janvier 1938], p. 339 ; [25 juin 1937], p. 272 ; [15 septembre 1937], p. 306.

déchirants. C'est dans le sillage de cette crise extrêmement angoissante pour l'auteur, qui le mine, qu'il renoncera à poursuivre « une œuvre personnelle, parce que ma personnalité, mon identité, ma réalité est trop faible pour pouvoir supporter rien de tel[13] ».

Si nous pouvons avoir de la difficulté à approuver Saint-Denys Garneau lorsqu'il se condamne aussi durement, lorsqu'il fait des raisonnements sur sa supposée culpabilité et son inauthenticité, ou encore lorsqu'il en vient à désespérer de toute expérience positive avec le monde extérieur et les hommes, il ne faudrait pas oublier l'extrême angoisse qui colore ces réflexions et ces autoaccusations. L'oublier serait passer à côté de la singularité du cheminement intellectuel et créateur de Saint-Denys Garneau, qui a d'abord fait de l'« inquiétude » une valeur *positive,* avant d'être finalement détruit et annihilé par elle. Ne serait-ce pas là, au fond, l'extrême modernité de la démarche de Saint-Denys Garneau, qui, rompant les digues de l'identité à soi et au monde, aurait rendu le poète aussi vulnérable et l'aurait conduit à se renier, sentant sa situation devenir de plus en plus intolérable (quitte à se tourner, avec obstination et en fermant les yeux, vers Dieu et la religion, auxquels il demanda un ultime appui et un secours définitif quand tout fuyait et s'effondrait sous ses pas) ? Comprendre les tourments de ce cœur « déjà tout en sang / et occupé d'angoisse depuis longtemps », ce « cœur au vent sans abri[14] », c'est s'approcher de la compréhension du retournement final où le poète, s'identifiant dans l'un de ses derniers poèmes au « pèlerin sans espoir », demandera à la croix de s'incruster *définitivement* dans son cœur de manière à le guider vers « l'espoir praticable » – rompant ainsi irrémé-

13. Saint-Denys Garneau, *Journal,* p. 203.

14. Saint-Denys Garneau, « Mais les vivants n'ont pas pitié », dans *Poésies complètes,* p. 202.

diablement avec l'allégresse et l'indétermination du jeune poète qui voulait, dans le poème inaugural du recueil *Regards et jeux dans l'espace,* « traverser le torrent sur les roches / Par bonds quitter cette chose pour celle-là ». Citons ici quelques vers de cet ultime retournement du « pèlerin sans espoir » :

> C'est ainsi que la croix sera faite en ton cœur
> Et la tête et les bras et les pieds qui dépassent
> Avec le Christ dessus et nos minces douleurs.
>
> Quitte le monticule impossible au milieu
> Place-toi désormais aux limites du lieu
> Avec tout le pays derrière tes épaules
> Et plus rien devant toi que ce pas à parfaire
> Le pôle repéré par l'espoir praticable
> Et le cœur aimanté par le fer de la croix.
> [...]
>
> Ramène ton manteau, pèlerin sans espoir
> Ramène ton manteau contre tes os
> Rabats tes bras épars de bonheurs désertés[15]

En demandant à la croix de s'incruster dans son cœur, « comme le fer qu'on cloue à l'écorce d'un arbre », Saint-Denys Garneau espère échapper aux angoisses et aux tourments que sa témérité lui aura valus. Il espère aussi (plus fondamentalement sans doute) être *sauvé,* c'est-à-dire « recueilli » par une présence autre, car le poète, ayant depuis longtemps fait le tour de sa prison, sait que l'on ne peut pas se sauver seul. Il faut apprendre (ou réapprendre) à se donner, à se perdre, à s'oublier, à « s'endormir en oiseau », à « s'endormir à cœur ouvert ».

---

15. Saint-Denys Garneau, « Quitte le monticule », dans *Poésies complètes,* p. 213.

Intranquillité et verticalité

> *Maintenant mon être en éveil*
> *Est comme déroulé sur une grande étendue*
> *Sans plus de refuge au sein de soi*
>
> Saint-Denys Garneau,
> « Tu croyais tout tranquille »

Pascal écrivit un jour : « Rien ne s'arrête pour nous. C'est l'état qui nous est naturel, et toutefois le plus contraire à notre inclination ; nous brûlons du désir de trouver une assiette ferme, et une dernière base constante pour y édifier une tour qui s'élève à l'infini ; mais tout notre fondement craque, et la terre s'ouvre jusqu'aux abîmes. » Puis il ajoutait : « Ne cherchons donc point d'assurance et de fermeté. Notre raison est toujours déçue par l'inconstance des apparences ; rien ne peut fixer le fini entre les deux infinis, qui l'enferment et le fuient. » Par ces paroles qui remettaient en question la prétention de la raison humaine à s'assurer d'un sol ferme et constant, il se trouvait à ouvrir la voie à une autre conception de la modernité philosophique : conception qui n'eût pas voulu à tout prix en finir avec le doute et l'indétermination – qui laissait donc place à l'inquiétude humaine et métaphysique. Si la modernité intellectuelle et philosophique se caractérise bel et bien par l'émergence du sujet pensant, celui-ci peut, une fois émergé, décider d'approfondir cette singularité réflexive ou décider de passer à autre chose (la vie étant courte !), comme s'occuper de sciences par exemple… Pascal, justement, reprochait à Descartes cet approfondissement (excessif selon lui) des sciences. Il disait de lui qu'« il aurait bien voulu se passer de Dieu, dans toute sa philosophie ; mais il n'a pu s'empêcher de lui faire donner une chiquenaude, pour mettre le monde en mouvement[16] ».

---

16. Blaise Pascal, *Pensées*, 72 et 77, Brunschvicg.

En dépit de l'importance accordée au sujet pensant dans la philosophie de Descartes, comment ne pas voir le danger qui déjà menace ce sujet à peine émergé ? En effet, si le sujet pensant prend d'abord conscience de lui-même, de Dieu, puis du monde, il est très rapidement conduit (é-conduit ?) à dépasser sa subjectivité et la sphère de l'intériorité réflexive pour entrer de plain-pied dans le monde de la certitude rationnelle et des idées claires. Étrangement, cette émergence de la subjectivité réflexive consciente d'elle-même coïncide avec l'essor irrépressible, et sans doute inégalé jusqu'alors, de la volonté d'objectiver le monde et le corps humain. Or, cette volonté ne risquait-elle pas de s'emballer et d'oublier sa source, le rapport dialectique à la source : le sujet pensant ? Le sujet pensant ne serait-il pas à la longue enfoui sous le poids de toutes ces connaissances que la « méthode » allait permettre d'accumuler, créant ainsi un fossé de plus en plus manifeste entre la pensée, qui se vit à l'intérieur, et le cumul des connaissances, qui nous projette à l'extérieur ?

Quelques siècles plus tard, à l'époque où Saint-Denys Garneau écrivait *Regards et jeux dans l'espace,* ou à plus forte raison aujourd'hui, le danger pour la pensée et la culture en général ne serait-il pas de passer à côté de cette émergence du sujet pour embrasser une modernité tout en surface et en façade, techniciste et scientiste, qui, la plupart du temps, nie la subjectivité et l'indépendance du sujet pensant (indépendance qui lui vient de ce qu'il peut se « recueillir » à l'intérieur) ? L'éminente « modernité » de la démarche créatrice d'un Saint-Denys Garneau ne serait-elle pas alors de faire place à l'inquiétude métaphysique et humaine, suivant en cela le Descartes du doute hyperbolique et du *cogito,* mais refusant de le suivre dans la connaissance claire et assurée du monde qui l'entoure, en pleine possession de soi et de ses moyens, plus proche en cela d'un Pascal pour qui la raison humaine ne pouvait empêcher que « tout notre fondement craque » ? Pour éviter de se durcir au point de devenir une chose parmi les choses, chaque adulte ne devrait-il pas chercher à retrouver, comme le souhaite Saint-Denys Garneau dans ses notes sur « L'enfant et la métaphysique », « cette inquiétude salutaire, cet éveil de la curiosité[17] » qui est le propre de l'enfant devant le monde et ses jouets, mais que l'adulte perd trop souvent en vieillissant ?

Ne pourrait-on pas aussi voir dans cette revalorisation de l'inquiétude métaphysique une façon de revivifier le climat spirituel de l'époque, de plus en plus sclérosé ? Par l'inquiétude, Saint-Denys Garneau ne se trouvait-il pas à ouvrir un passage à la modernité pour la société canadienne-française, très fortement marquée par la routine et le conformisme religieux : en en faisant une affaire personnelle en quelque sorte, vitale, brûlante, excessivement exigeante ?

* * *

Création de soi par soi – Quoique Saint-Denys Garneau ne fût pas un grand cartésien, nous pourrions malgré tout trouver dans ses *Lettres à ses amis* quelques élans de volition. Saint-Denys Garneau a surtout cherché à se définir et à se donner des buts pour se diriger dans l'existence avant de se mettre à écrire les poèmes qui allaient constituer le recueil *Regards et jeux dans l'espace* et plus tard, après avoir écrit les poèmes regroupés de façon posthume sous le titre *Les Solitudes,* soit avant 1935, et après 1938. La période la plus féconde sur le plan de l'écriture fut celle où il a le plus valorisé l'inquiétude, où il s'est le plus ouvert et le plus mis en jeu, au risque de ne plus être capable de se ressaisir après coup. Après avoir « décidé de faire la nuit / Pour une petite étoile problématique[18] », il n'était pas dit que le poète réus-

---

17. Saint-Denys Garneau, *Journal,* p. 86.
18. Saint-Denys Garneau, « Faction », dans *Poésies complètes,* p. 81.

sirait à retrouver la lumière. Toutefois, il est à parier que Saint-Denys Garneau n'aurait pas pu prendre ce risque total (le risque de tout perdre : et soi-même et le monde) s'il ne s'était d'abord voulu en pleine possession du monde et de soi – faisant ainsi succéder la nuit pascalienne au jour cartésien. Sinon, qu'aurait-il eu à risquer ? Tout dépouillement ne suppose-t-il pas qu'il y ait « quelque chose » dont on se dépouille ? Autrement, on ne parle pas de dépouillement mais de « misère » ou d'« ignorance », maux dont Saint-Denys Garneau n'eut jamais à souffrir. Les années 1931 à 1934 furent donc pour lui des années d'autoformation artistique et littéraire très intenses. C'était l'époque de la création de soi par soi, époque où le jeune poète et peintre en herbe cherchait à développer ses dons et ses facultés. C'était l'époque où Saint-Denys Garneau s'enthousiasmait avec ses amis de ses découvertes musicales et littéraires, où des pages et des pages de critiques étaient noircies dans le but de se former un jugement esthétique des plus subtils. C'était aussi l'époque où il prêchait à ses amis l'héroïsme, le culte de l'art et du dépassement de soi bien plus qu'il ne demandait à être consolé ou soutenu.

Dans une longue lettre adressée à André Laurendeau l'été de ses dix-neuf ans, Saint-Denys Garneau déclarait s'être enfin trouvé et « défini ». Jusqu'alors, écrivait-il, la vie l'avait façonné sans qu'il s'en rende trop compte, « il faut maintenant en prendre un lambeau et y tailler la sienne propre selon soi ; tandis qu'elle nous façonnait selon elle. […] Il s'agit de faire le mieux possible de ce que je suis. L'étoffe m'est donnée : je dois en faire un habit ». Très tôt, Saint-Denys Garneau avait développé une conscience nette de lui-même : à dix-neuf ans, il était déjà un être singulier, séparé. Mais il n'entendait pas s'en plaindre, il se voulait tel et il avait un idéal qui lui commandait un immense travail sur soi : il n'avait pas de temps à perdre. Rien ne le retenait plus de son ancien moi, et tout l'appelait. Un an plus tard, on le retrouvait, véritable amant de la peinture, perdu au milieu de ses pots, tubes et couleurs, « les ongles multico-lores », avec des mains qui étaient indélébilement celles « d'un paysagiste forcené[19] ». De cette époque enthousiaste, je ne citerai qu'un extrait d'une autre lettre à André Lauren-deau pour faire comprendre l'idéal que ce jeune fauve en liberté poursuivait :

> Je pense qu'il faut développer en nous toutes nos facultés de vie, mais prendre garde de les bien diriger. L'épanouisse-ment des sens dans la nature les assainit en les fortifiant. Je sens respirer tout mon corps et j'ai la sensation d'une exu-bérance merveilleuse. Il s'agit de tenir le reste de l'être au même diapason. C'est faire de soi une œuvre d'art, complè-tement équilibrée : n'est-ce pas le but de la vie, et de la faire la plus belle possible[20] ?

Cet extrait témoigne de la volonté du jeune Garneau de se singulariser et de faire de sa vie une œuvre d'art, œuvre qu'il souhaite à nulle autre pareille ; son désir le plus pro-fond à l'époque étant de se créer selon sa loi et sa mesure. Après quelques années de cet « exercice en la méthode », il commencera à se sentir de plus en plus seul. En 1934, il abandonnera ses études au collège Sainte-Marie pour des raisons de santé[21], et peut-être aussi à cause d'un certain manque d'intérêt. Peu après, il commencera à écrire son *Journal* et les poèmes qui formeront le recueil *Regards et jeux dans l'espace*.

À l'été de ses vingt-trois ans, les choses avaient déjà bien changé, et son sentiment d'être isolé, coupé du monde et

---

19. Saint-Denys Garneau, *Lettres à ses amis*, [11 juillet 1931], p. 16-17 ; [juillet 1932], p. 50.

20. *Ibid.*, [18 août 1932], p. 54.

21. Une lésion au cœur contractée à l'âge de seize ans dont Garneau res-sent les effets à l'occasion.

des autres, devenait de plus en plus envahissant. « J'ai énormément de difficultés dans mes relations avec les autres, confiait-il à Claude Hurtubise, moi qui jouissais auparavant de communications si sensibles. J'ai maintenant beaucoup de difficulté à n'être pas tout à fait seul[22]. » À ce jeune âge, il avait déjà accumulé bien des trésors. En développant ses « dons » comme il l'a fait, Saint-Denys Garneau s'est aussi séparé des autres et du monde. Désormais, le temps était venu de se perdre, de se mettre à écrire pour de vrai, avec son sang d'abord, puis avec sa chair, enfin avec ses os. Après ces quelques années d'autoformation et d'autoengendrement, le temps était venu de risquer ce que l'on était devenu, de le mettre en jeu, sachant que l'on avait beaucoup à perdre et peut-être rien à gagner – mais ne pouvant faire autrement, comme Pascal, que de parier sur l'infini…

*   *   *

À la recherche de la faille – En décidant de faire la nuit sur le monde, « pour une petite étoile problématique », Saint-Denys Garneau ne pouvait savoir si elle luirait ou non « Dans le ciel immense désert ». Peut-être n'était-elle en fait qu'une « étoile filante »… La solitude, en s'introduisant dans sa chambre par le vent froid de l'hiver, l'avait rendu « conscient nettement comme l'acier ». Son « être en éveil », « sans plus de refuge au sein de soi », était dorénavant exposé à tous les vents, distribuant son sang « aux quatre points cardinaux ». Le poète savait-il qu'il serait un jour, à force d'angoisse et de douleur, réduit au silence de ses os ? Peut-être s'en doutait-il, mais il chercha d'abord une « fissure » dans notre monde, avec l'espoir de retrouver au bout la lumière. Rejetant l'idéal et le paradigme d'un « moi » plein et triomphant, d'un « moi » qui, dans sa jeunesse, lui

---

22. Saint-Denys Garneau, *Lettres à ses amis*, [juillet 1935], p. 166.

avait permis de faire « des poèmes / Qui contenaient tout le rayon / Du centre à la périphérie et au delà », Saint-Denys Garneau préféra suivre une autre voie, trouver une autre vocation, plus proche de la pauvreté et du dépouillement. Non, Saint-Denys Garneau ne serait plus ce « soleil », ce « moi » triomphant (s'il l'avait jamais été). Sa tâche, essentiellement *verticale,* qui serait en même temps son ultime pari à une époque où « l'on connaît bientôt la surface / Du globe tout mesuré inspecté arpenté », serait donc celle « De pousser le périmètre à sa limite / Dans l'espoir à la surface du globe d'une fissure / Dans l'espoir d'un éclatement des bornes / Par quoi retrouver l'air libre et la lumière ». Et peut-être, qui sait, de créer ici-bas, par « ingéniosité », « un espace analogue à l'Au-delà[23] ».

Dans l'un des derniers poèmes du recueil *Les Solitudes,* Saint-Denys Garneau évoquait, tout en les valorisant, ces trous qu'il avait découverts en arpentant notre monde ; il s'y moquait aussi de cette manie qu'on a de vouloir tout rapiécer et de faire « comme si », comme si tout tenait ensemble et allait de soi. Ces quelques vers, qui sont l'autre versant, le versant libérateur et enjoué des cris d'angoisse, les voici :

On peut être fâché de voir des trous dans notre monde
　　　　qui font des trous
On peut être scandalisé par un bas percé un gilet
　　　　un gant percé qui laisse voir un doigt
On peut exiger que tout soit rapiécé

Mais un trou dans notre monde c'est déjà quelque chose
Pourvu qu'on s'accroche dedans les pieds
　　　　et qu'on y tombe
La tête et qu'on y tombe la tête la première

---

23. Saint-Denys Garneau, « Faction », dans *Poésies complètes,* p. 81 ; « Tu croyais tout tranquille », p. 85-87 ; « Autrefois », p. 79-80.

Cela permet de voguer et même de revenir
Cela peut libérer de mesurer le monde à pied,
                    pied à pied[24].

J'ai déjà insisté sur les effets corrosifs de cette quête angoissée du poète, qui cherche l'absolu et qui ne trouve que des *Solitudes*. Peut-être faudrait-il, en terminant, constater que cette « fissure » dans l'être, en soi et dans le monde, que le poète découvre peut aussi nous libérer d'une trop grande horizontalité, sorte de cartésianisme dévoyé, bien plus inquiétant que l'angoisse elle-même, et de l'aplatissement qui nous guette lorsque nous nous bornons à arpenter le monde « pied à pied », comme s'il n'y avait *rien d'autre* qui méritât notre attention que toutes ces petites habitudes ou faits concrets auxquels on pourrait être tenté de réduire l'existence, ainsi débarrassée de tout drame existentiel ou métaphysique. *Rien d'autre* que tout ce qui se compte, *rien d'autre* que tout ce que l'on sait déjà, *rien d'autre* qu'une éternelle platitude ! Qu'il y ait des trous en nous et dans le monde, cela peut nous permettre de nous accrocher les pieds dedans et, en tombant, de prendre conscience de nous-même, de nos limites, de la mort et de tout ce qui nous borne, mais aussi de ce qui nous permet de dépasser ces limites : la parole, l'écriture, la prière. La finitude et l'intranquillité, telles que Saint-Denys Garneau les vit, ne sont pas sans issue : elles ouvrent sur autre chose. Quand bien même Dieu n'existerait pas (ce qui n'est pas aussi sûr que nos clins d'œil voudraient le faire croire), la poésie de Saint-Denys Garneau n'en demeurerait pas moins une parole fraternelle qui s'adresse à chacun dans ce qu'il a de plus démuni et défaillant. Cette parole discordante, ou « sans voix », qui cherche son centre mais ne le trouve pas, qui rompt avec l'horizontalité ambiante, on pourrait ne

---

24. Saint-Denys Garneau, « Poids et mesures », dans *Poésies complètes*, p. 194.

pas vouloir l'entendre, se boucher les oreilles et faire véritablement « comme si » nous étions « les maîtres et possesseurs de la nature », en pleine possession de soi et du
monde ; mais on pourrait aussi décider d'y être attentif,
lui donner asile, l'héberger, être altéré par elle. Peut-être
alors nous troublerait-elle au point de nous rappeler à
notre verticalité essentielle, en nous éveillant davantage, en
nous rendant plus conscient, sinon « comme l'acier »,
du moins comme « un roseau pensant », car n'est-ce pas
en étant entamé d'une manière ou d'une autre que l'on peut
être amené à prendre conscience de soi, du monde, et de ce
qui (peut-être) rend possible et soi et le monde ? Les paris
sont ouverts…

La ferme intérieure

Qui cherche à façonner le monde,
je vois, n'y réussira pas.
Le monde, vase spirituel, ne peut être façonné.
Qui le façonne le détruira.
Qui le tient le perdra.

LAO-TSEU, *Tao-tö king*

Je suis seul. Je suis chez moi et il n'y a aucun bruit. J'ai débranché le téléphone et éteint le réfrigérateur pour écrire. Ainsi, j'entends mieux l'arbre qui essaie de pousser en moi. Je reviens d'une longue marche autour de la montagne. J'habite tout près. Il faisait si beau… je voyais le fleuve à l'horizon qui entoure l'île de Montréal et pouvais deviner le printemps, la mer et l'été qui bientôt succéderont à l'hiver. Du belvédère où j'étais, je pouvais voir les plaines qui courent vers le sud, vers les États-Unis d'Amérique, vers l'empire… Je pouvais aussi voir le lieu de mon premier appartement à Verdun et, sur la rive sud du fleuve, le mont Saint-Bruno, qui me rappelait la ville où j'ai grandi. Tout cela n'a peut-être aucune importance – même si tout cela c'est moi –, si ce n'est de rappeler que nous sommes toujours quelque part lorsque nous parlons ou écrivons. Penser l'impensé d'un milieu et d'une époque, leur ambiguïté, voilà ce que peut faire la littérature, me disais-je en marchant et en pensant à *Trente Arpents* de Ringuet.

Quand je regarde du sommet de la montagne le centreville avec ses gratte-ciel et que je le compare au bleu du ciel, au fleuve, ou encore aux plaines qui semblent s'étendre à l'infini, je ne peux faire autrement que de trouver bien vain l'orgueil des hommes qui s'agitent pour se faire croire qu'ils sont tout, alors qu'ils sont si peu. Bien sûr, je ne propose pas que l'on renonce à construire des gratte-ciel, mais pourquoi en serait-on dupe ? Pourquoi à tout prix rechercherait-on la Puissance et le Progrès ? Pourquoi ne demanderait-on pas parfois à l'arbre s'il se soucie d'être à la fine pointe de la technologie ? Sans doute vous répondrait-il qu'il n'a d'autre désir que d'être un arbre et de produire ses fruits. Tel est l'arbre… mais l'homme ? La plupart du temps, me disais-je en contemplant le fleuve du haut du belvédère, ce dernier cherche à échapper à lui-même en s'entourant d'objets. La crainte de l'indétermination, de la liberté et de la mort le pousserait à vouloir tout contrôler, à imposer son « moi » au monde, envers et contre tout, envers même ce qui en lui échappe à cette prise, à cette instrumentalisation et à cette objectivation du monde et de soi.

Le danger d'une telle attitude, de cette compulsion à produire et à s'approprier pour mieux nier ce qui nous échappe, pensais-je, réside en ceci qu'en nous privant de la Nature, en l'enfermant dans une représentation du monde dont nous serions les « maîtres » et dont nous serions séparés – en la *soumettant* à cette représentation –, nous nous privons du même coup de ce qui de la « Nature » pourrait chercher à s'exprimer à travers ce qui compose la part la plus intime et la plus fuyante de *notre* nature.

Voilà pourquoi, comme l'arbre que j'admirais tout à l'heure en chemin, je n'irai pas crier sur la place publique ma fierté d'être à la fine pointe de la technologie. Voyez-vous, j'appartiens à une société qui n'a eu accès à la modernité que tardivement. Malheur ! le Québec était « en retard » sur l'Histoire. Il fallait « rattraper » l'Histoire ! Atteindre la « majorité historique » ! Nous avons alors pris les grands moyens, pour le meilleur et pour le pire… Du même souffle, nous nous sommes mis une fois de plus, dans les années 1960, à revendiquer notre identité, à cor et à cri. Mais de quelle identité s'agissait-il ? Voulions-nous véritablement la reconnaissance de notre identité, c'est-à-dire de notre différence, ou, au contraire, cherchions-nous la normalisation de cette identité problématique ? Pourquoi alors cette honte devant ce « retard » ? Pourquoi cette valorisation excessive du Progrès ? Pendant la Révolution tranquille, n'a-t-on pas cherché à en finir avec ce passé « honteux », celui du Canada français ? N'a-t-on pas cherché à l'occulter en remplaçant l'ancienne mystique chrétienne et conservatrice des Canadiens français par celle de la nation québécoise et de sa normalisation ?

Or, ne pourrions-nous pas, aujourd'hui, penser ce qu'il y avait de positif dans ce « retard » ? Bien sûr, comme dirait Borduas, une société ne peut être tenue indéfiniment « à l'écart de l'évolution universelle ». C'est ce dont témoigne également l'œuvre la plus connue de Ringuet, *Trente Arpents,* qui évoque le passage douloureux à la modernité d'une société qui vivait jusqu'alors sur des bases qu'elle croyait immuables. Ce passage soulève de nombreuses questions. Nul n'est besoin d'adopter ici un point de vue intégriste ou nostalgique. La réalité est ambiguë, la modernité est faite de divers courants et ce roman, *Trente Arpents,* est lui aussi ambigu. Ce livre soulève davantage de questions qu'il n'apporte de réponses, et si je m'y réfère, c'est dans la mesure où il interroge toujours le monde dans lequel nous vivons ; car ce n'est pas parce qu'une société comme la nôtre ne peut échapper à une certaine forme de modernisation qu'il faille s'abstenir de questionner cette modernisation en la bousculant un peu.

C'est ainsi que l'arbre qui essaie de pousser en moi me chuchote parfois à l'oreille cet étrange paradoxe : « Et si la position du "minoritaire" et du "retardataire" était favorable pour penser l'au-delà de cette modernité, non pas en revenant en arrière, mais en s'inspirant de cet *écart* pour aller

au-delà ? » Ce subtil paradoxe m'avait d'abord laissé per-
plexe. Mais, après coup, je me suis demandé si, au fond, ce
n'était pas ce paradoxe qui expliquait le mieux l'audace de
Borduas dans le *Refus global* et dans sa peinture. Car lorsque
Borduas écrit, du sein de cet écart par rapport aux grandes
nations modernes : « Où est le secret de cette efficacité de
malheur imposée à l'homme et par l'homme seul, sinon
dans notre acharnement à défendre la civilisation qui pré-
side aux destinées des nations dominantes[1] ? », comment
pourrions-nous ne pas comprendre que le but poursuivi
n'est pas tant de rattraper l'Histoire, en se normalisant, que
de penser l'au-delà de cette Histoire et de la civilisation
occidentale ? Car s'il faut être capable de penser le rapport
déficitaire à l'Histoire du peuple canadien-français en fusti-
geant au besoin ce « petit peuple serré de près aux soutanes », il faut aussi être capable de penser au-delà et contre
l'Histoire.

Le roman de Ringuet ne pense pas vraiment l'au-delà
de cette modernité, mais il constate ce que l'on perd en se
coupant toujours davantage du contact avec la terre, en
acceptant la mécanisation de l'agriculture et le travail à la
ville. *Refus global* et *Trente Arpents,* aussi étonnant que
cela puisse paraître, partagent pourtant un point en commun essentiel. Ces deux œuvres, l'une qui regarde en avant,
l'autre en arrière, posent le même diagnostic quant à la
nature de la décadence de la civilisation occidentale : toutes
deux voient dans le triomphe de la raison et de l'intentionnalité les germes de cette décadence.

La déchéance d'un Euchariste Moisan, le personnage
principal du roman de Ringuet, vient, outre le progrès général de l'urbanisation, de ce qu'il a cru pouvoir s'enrichir par
divers calculs en disposant des choses comme s'il en avait
été le « maître » et comme s'il pouvait savoir à quoi s'en

---

1. Paul-Émile Borduas, *Refus global,* Montréal, Typo, 1997, p. 69.

tenir au sujet de l'avenir. Qu'avait-il à vendre, pour quelques dollars, ce petit bout de terre qu'il jugeait inutilisable ? Il s'agissait d'un petit *calcul,* mais l'acheteur l'a trompé et le procès l'a ruiné. Qu'avait-il à engranger toute sa récolte dans l'espoir que les prix allaient continuer à monter, comme si le Temps lui appartenait en propre et qu'il dût nécessairement être de son côté ? Il ne s'agissait que d'un autre petit *calcul,* mais un incendie a détruit toute sa récolte. Qu'avait-il, enfin, à confier tout son argent à ce notaire qui lui promettait des taux d'intérêt faramineux ? Un autre *calcul,* et le notaire s'est enfui avec l'argent. À tous ces *calculs,* nous pourrions appliquer la sentence du sage taoïste Lao-tseu qui dit : « L'intelligence prévoyante est la fleur du Tao, mais aussi le commencement de la bêtise[2]. » Euchariste Moisan aura beau, à la fin, regretter l'harmonie non méca-nisée de celui qui vivait « sur les trente arpents de terre en ne leur demandant que ce qu'ils pouvaient donner », il aura néanmoins été le premier à croire qu'il pouvait leur en demander davantage en les dominant. S'il a raison de craindre « le jour où son fils voudrait conduire la terre, la régenter, au lieu de se laisser conduire par elle, tout douce-ment[3] », c'est tout de même lui qui aura donné l'exemple.

En lisant Ringuet, on s'aperçoit toutefois que cette ten-dance de l'homme à se croire le maître des choses est malgré tout contrebalancée par le travail de la terre, puisque les récoltes dépendent de la nature, du cycle des saisons et des intempéries. En dépit des errances et des calculs d'un Euchariste Moisan, le paysan serait plus enclin que l'homme des villes à reconnaître sa dépendance envers la nature – même s'il cherche à la régenter, elle peut toujours le bri-ser : alors il reconnaît qu'il n'en a jamais été le maître,

---

2. Lao-tseu, *Tao-tö king,* Paris, Gallimard, trad. Liou Kia-hway, 2002, ch. XXXVIII.

3. Ringuet, *Trente Arpents,* Montréal, Fides, 1972, p. 301 et p. 284.

comme le fait Euchariste Moisan après tous ses déboires. Quant à ce sentiment « d'être le maître des choses » qu'exprime le boutiquier décrit par Ringuet, il vient de ce qu'il a préféré « dépendre d'un homme » et s'enfermer dans sa boutique plutôt que de dépendre de la nature et de se sentir « annihilé par son immensité même[4] ».

*   *   *

Le travail humain! c'est l'explosion qui éclaire mon abîme de temps en temps.
« Rien n'est vanité; à la science, et en avant! » crie l'Ecclésiaste moderne, c'est-à-dire Tout le monde. *Et pourtant les cadavres des méchants et des fainéants tombent sur le cœur des autres... Ah! vite, vite un peu; là-bas, par delà la nuit, ces récompenses futures, éternelles... les échappons-nous?...*

RIMBAUD, « L'Éclair »

Dans le roman de Ringuet, cette critique de l'intentionnalité, qui n'épargne pas même l'agriculteur, est toutefois mise en relief lorsqu'il s'agit d'opposer la ville à la campagne. L'auteur prend alors à partie le travail à la ville, qui déshumanise davantage que le travail de la terre. Cette opposition est un classique du roman régionaliste et traditionaliste canadien-français, mais Ringuet n'est pas vraiment un auteur traditionaliste puisque sa fiction se déploie à partir d'un écart irréversible par rapport aux mœurs traditionnelles. La question du travail, par-delà cette opposition binaire entre la ville et la campagne, demeure toutefois une question vitale, essentielle, nullement périmée. En cela, Ringuet est, plus que jamais peut-être, notre contemporain,

---

4. *Ibid.*, p. 103.

car comment en effet être sûr que ce soit bien notre vie que l'on gagne en travaillant et non une mort lente, un lent engourdissement de tous nos sens et de notre esprit ? Car, faut-il le rappeler, il existe nombre de morts-vivants ! Ceux-ci pullulent ! Ils peuvent même être très efficaces dans leur travail dans la mesure où ils peuvent aisément passer par-dessus ce qu'ils sont et ne jamais être arrêtés ou ralentis par quelque état d'âme. Aujourd'hui comme hier, la question demeure entière : le travail peut-il être autre chose que la lente usure de soi, l'éternel oubli du meilleur de nous-même, qui n'est réductible à aucune tâche ?

Rêveur, voyant tous ces gens s'affairer, l'arbre qui essaie de pousser en moi me demande parfois : « Et si nous ne sui-vons pas notre propre rythme, qui donc le suivra à notre place ? Si nous ne créons pas ce que nous sommes appelés à créer, qui le créera à notre place ? Si pommiers, chênes et amandiers passaient leur vie devant une machine ou un écran d'ordinateur, plutôt que de produire pommes, glands et amandes, ne trouverait-on pas qu'ils ont raté ou dilapidé leur vie ? » Encore une fois, il ne s'agit pas d'idéaliser le tra-vail à la campagne en l'opposant au travail démoniaque de l'ouvrier sur sa machine. L'auteur de *Trente Arpents* (qui est un écrivain et non un idéologue) ne dresse pas du tout un portrait idéalisé de la vie à la campagne, loin de là ! Il y a là aussi une misère et des courants de liberté qui cherchent à s'exprimer et à sortir de l'enclos. Cela dit, même si l'on ne peut aveuglément recommander un retour à la terre (l'au-teur montre lui-même que cette évolution, l'urbanisation, est inévitable), ne pourrait-on pas chercher à penser ce qu'il y avait là d'*humain,* et qui s'exprimait dans le travail de la terre – quitte à l'actualiser par la suite en se créant à part soi une sorte de *ferme intérieure* : avec ses cultures, ses labours et ses pousses spirituels ?

Cultivant pour mon propre compte ma *ferme inté-rieure,* je me pose parfois cette question un peu folle : « Que peut la terre ? Que peut-elle nous apprendre ? » Dans le roman de Ringuet, la terre « enseigne à ceux qui dépendent d'elle que se presser n'avance à rien ». Elle leur donne, chose énorme, « comme une certitude de durer, dans la continuité des générations qui sont les années des hommes du sol. Tandis que l'homme des villes, sans cesse mobile et passager au milieu des choses passagères et mobiles qu'il crée, détruit, recrée, ne saurait vivre que d'une vie précaire et momentanée[5] ». La terre, ou, si l'on préfère, le rapport à la nature, pourrait alors nous apprendre à vivre avec le Temps, avec la durée. Apprendre à vivre avec le Temps, c'est aussi apprendre à vivre avec la mort. Chaque être humain est peu de chose sur cette terre, mais il en est grandi plutôt que diminué quand il s'en rend compte, car alors l'Arbre nouveau, l'Arbre de vie peut croître en lui.

S'il y avait une idée que je souhaiterais retenir du roman de Ringuet pour la laisser croître en moi, ce serait celle de cet « îlot d'humanité » qu'est la ferme pour le paysan, même si cette ferme, en ce qui me concerne, ne sera jamais qu'imaginaire. Qu'est-ce qu'un « îlot d'humanité » ? C'est un endroit, un milieu aménagé par l'homme par son travail sur la nature. Ce travail vise à insérer l'homme dans la nature en en humanisant une parcelle. Cet « îlot d'humanité » est d'autant plus précieux que l'homme sait qu'il va mourir et qu'il ne sait même pas pourquoi il a été jeté là, dans l'existence... D'où l'attachement aux « choses qui durent et survivent aux générations transitoires des hommes[6] ». Cet attachement aux « choses qui durent » est très profond. Il ne s'agit pas là de « biens de consommation » ou d'un attachement nostalgique au passé. Car cette « chose » que j'aime, c'est *moi*, c'est une part de *mon* humanité qui survivra à mon passage sur terre : elle fait partie de *mon* « îlot d'humanité ». Outre la nécessité de survivre, n'y a-t-il pas dans tout

---

5. *Ibid.*, p. 17 et 166.
6. *Ibid.*, p. 191 et 256.

travail *humain* le désir de se survivre, de s'immortaliser en quelque sorte en créant un « îlot d'humanité » qui puisse nous perpétuer, une sorte de ferme, réelle ou imaginaire ? Il faudrait peut-être se rappeler ici que c'est un médecin sans cesse en contact avec la mort, le docteur Panneton (alias Ringuet), qui a écrit ce roman, cette drôle de « chose » qu'est un roman, cet « îlot d'humanité » d'encre et de papier…

Inquiet, l'arbre qui pousse en moi me demande parfois : « Peut-on ne pas être dupe de sa puissance ? Car, en vérité, nous n'échapperons jamais à la mort… Mais qu'est-ce que la mort ? » Celui qui nie le mourir en s'enfermant dans un monde objectivable et quantifiable où il se croit « maître des choses », comme le boutiquier, celui-là est d'autant plus mort qu'il ne crée rien ; il est « stérile » parce qu'il n'a pas voulu *vivre* avec la *mort* ; il s'est fait chose parmi les choses alors qu'il aurait pu, se dépossédant, produire quelque chose. Il n'a donc pas produit cet « îlot d'humanité » que chacun est appelé à aménager, et encore moins cette *ferme intérieure,* qui est le secret le mieux gardé de ceux chez qui la nature s'est intériorisée pour y produire ses moissons nouvelles.

Tel un arbre des forêts, le sage taoïste « produit sans rien attendre », ainsi il échappe au règne de l'intention combattu par Ringuet et Borduas. La dé-prise est la condition nécessaire à toute reprise. C'est ainsi que le sage taoïste « ne désire pas être plein. N'étant pas plein, il peut subir l'usage et se renouveler[7] ». Comme Lao-tseu quelque 2 500 ans plus tôt (le temps ne fait rien à l'affaire !), le livre de Ringuet nous apprend que nous ne serons jamais les maîtres du monde. Toujours les gratte-ciel nous apparaîtront minuscules lorsque la nuit, à l'écart du tumulte, nous lèverons la tête pour regarder les étoiles. En voulant conquérir le monde par l'« arme de la raison », comme dirait Borduas, on le

---

7. Lao-tseu, *Tao-tö king,* ch. XV.

perd et on se l'aliène. Le travail qui cherche à asservir la nature plutôt que d'être l'expression de notre *nature* n'est pas un travail humain ; ce travail détruit l'« îlot d'humanité » que d'autres cherchent à faire exister.

Pour l'individu d'aujourd'hui, qui, bien sûr, ne peut revenir en deçà de son individuation ni pratiquer en masse un « retour à la terre », lequel s'avérerait sans doute désastreux, le défi ne serait-il pas de retrouver – du sein d'un écart maintenu et réfléchi par rapport à la « Modernité » et au « Progrès » – la voie de la nature et, plus profondément encore, de ce qui, de la nature, cherche à s'exprimer à travers lui ? Que chacun s'occupe de sa *ferme intérieure* et laisse croître l'arbre qui cherche à pousser en lui, tel est le « retour à la terre » que je préconiserais. En relisant un livre comme *Trente Arpents* avec un regard neuf, à la fois moderne et décalé, certains découvriront peut-être que l'« îlot d'humanité » auquel ils aspirent n'est pas si loin, ni dans le temps ni dans l'espace, et qu'il peut être recréé, à l'intérieur, en cultivant et en labourant soigneusement les trente arpents de son être intime.

Mais il se fait tard… La nature et les étoiles m'appellent. Adieu, donc, je retourne marcher. Mon arbre a encore beaucoup de choses à me dire…

Intermezzo

Un germe d'universalité
à contre-courant

D ans cette quête d'une autre modernité, j'ai interrogé jusqu'à présent les œuvres d'auteurs canadiens-
français ayant tous, d'une façon ou d'une autre,
ébranlé le conformisme, l'immobilisme et le traditiona-
lisme de leur société d'appartenance : des écrivains plus ou
moins inquiets et solitaires, vivant dans leur chair ce passage
à la modernité et le processus d'individualisation qui l'accompagne, nécessairement douloureux parce qu'il nous
sépare de la « conscience commune » et de la sécurité que
l'on trouve à l'abri du « nous ».

Le « je » qui s'essaie est en effet toujours précaire, toujours risqué, sa « singulière universalité » est un pari, un
appel lancé à tous les « je » qui réfléchissent et se ques-
tionnent en dehors des schémas ataviques, grégaires et collectivistes de la pensée commune. Le « je » authentique est
une plante rare, peu cultivée dans la société traditionnelle
canadienne-française. Cela dit, je ne sache pas que les prés
du « Québec moderne » soient couverts aujourd'hui de
cette plante exotique et fragile qui s'acclimate difficilement
aux régions balayées régulièrement par les vents du « nous
autres »...

Néanmoins, ces « je » existent, aujourd'hui comme hier,
et si la société traditionnelle canadienne-française s'est
montrée plus souvent qu'à son tour réfractaire à l'apparition de ces petits roseaux pensants, certains ont réussi
malgré tout à prendre racine sur les rives du fleuve Saint-

Laurent. Pierre de Grandpré, Jean-Charles Harvey, Saint-Denys Garneau, Paul Toupin et Ringuet sont de ceux-là (ils ne sont évidemment pas les seuls, qu'on pense seulement à Paul-Émile Borduas, Alain Grandbois, Jacques Lavigne, André Langevin, etc.). Quoique très différentes les unes des autres, leurs œuvres témoignent de cet effort pour exister d'abord en tant qu'individu, même si elles s'enracinent parfois plus ou moins profondément dans leur milieu d'appartenance. Mais cet enracinement n'est pas nécessairement une tare antimoderne dans la mesure où le regard qui voit et la pensée qui pense ce milieu se sont intériorisés et individualisés, comme c'est le cas dans les romans de Ringuet et de Germaine Guèvremont, ou dans la peinture libre et colorée (quoique traditionnelle dans la plupart de ses « thèmes ») d'un Marc-Aurèle Fortin.

Par ailleurs, la lecture que nous avons proposée des œuvres de Pierre de Grandpré, Jean-Charles Harvey, Saint-Denys Garneau, Paul Toupin et Ringuet ne nous aura pas du tout conduits sur la voie de la « Grande Liquidation tranquille » d'un passé canadien-français honni et honteux au profit du « Grand Rattrapage historique », de la « normalisation » et de la « modernisation » à tout prix d'une culture quelque peu archaïque, primitive et retardataire – ce qui fut en quelque sorte le « programme culturel » des intellectuels et des créateurs des années 1960 et 1970 au Québec. Évidemment, notre but n'est pas non plus de nier ce qu'il pouvait y avoir de profondément réactionnaire chez une certaine élite nationaliste canadienne-française, d'étouffant pour l'individu et de figé dans cette société au « conformisme suprêmement vigoureux », pour reprendre les termes de Pierre de Grandpré dans *La Patience des justes*. Ce roman, tout comme la vie et l'œuvre de Jean-Charles Harvey, marquées par son combat épique contre l'élite clérico-nationaliste, sont là précisément pour nous le rappeler. C'est en ce sens que l'affirmation de l'individu et d'une certaine modernité philosophique et politique est pour nous indépassable, du moins dans un premier temps d'émancipation vis-à-vis de la pensée grégaire et d'arrachement envers la tradition.

Outre Jean-Charles Harvey, d'autres exemples auraient pu être donnés de cette lutte contre le conformisme ambiant et le « sot orgueil des ruches et des termitières ». Nous aurions pu ainsi accumuler les exemples qui ne sauraient manquer et réécrire le livre du Grand Procès de la société traditionaliste canadienne-française, qui commença à s'écrire dans les années 1960. Mais ce livre a déjà été écrit, en fait, des dizaines de fois... L'expression populaire de la « Grande Noirceur » rend compte, dans son caractère totalisant, du verdict de ce procès qui n'aura réussi qu'à créer un nouvel obscurantisme fait de dénis de toutes sortes. Certes, ce livre doit être lu, et, à bien des égards, il nous éclaire sur les retards, les déficiences et les dérives idéologiques parfois fort inquiétantes de cette société, qui ne sauraient être minimisés. Mais, à vouloir encore et toujours le réécrire, ne se trouve-t-on pas une fois de plus à jouer le jeu de la Grande Rupture survenue dans les années 1960, comme si le « salut » ne pouvait venir que de la normalisation de ce retard historique (l'État, le nouveau Dieu, devant ici jouer le rôle salvateur, comme autrefois l'Église : le rachat final, dans cette nouvelle eschatologie, étant évidemment l'indépendance du Québec) et du refoulement confinant au déni de la culture canadienne-française d'avant la Révolution tranquille – un refoulement qui alla si loin que la culture et le peuple canadiens-français durent changer de nom ?

Or, le refoulé a ceci de fâcheux qu'il fait retour, et les révolutions ont souvent tendance à donner lieu à d'inquiétantes restaurations ou dictatures. Le déni, dans son impensé, a ceci de fâcheux aussi qu'il condamne plus souvent qu'à son tour celui qui l'entretient (ou la société qui s'érige sur son impensé) à répéter les mêmes schèmes de pensée, les mêmes structures, les mêmes obsessions, les mêmes fantasmes que l'on aurait voulu enterrer. Les intellectuels québécois, dans une très large mesure, et de très nombreux écrivains auront en effet renié en bloc dans les années 1960 et 1970 le Canada français et sa culture. Pourtant, ces mêmes intellectuels et créateurs n'ont-ils pas passé une grande partie de leur temps à méditer sur la « question nationale », sur l'« identité québécoise », quand ce n'est pas sur les menaces d'« assimilation » ? N'ont-ils pas pour la plupart continué à se méfier des libéraux et du libéralisme (toujours associés aux Anglo-Saxons, « nos ennemis » héréditaires), préférant les pensées collectivistes comme le nationalisme et le socialisme, qui furent, comme chacun le sait, de grands succès historiques au XXe siècle ? N'ont-ils pas aussi très souvent, par leurs œuvres théâtrales, romanesques ou cinématographiques, contribué à entretenir un imaginaire misérabiliste, familial et régressif ? N'ont-ils pas, enfin, à une certaine époque, poussé l'autodénigrement plus loin qu'il avait jamais été poussé, par la sacralisation identitaire d'une langue avachie et désarticulée comme vecteur d'émancipation ? Comme *passage* décisif à la modernité sur le plan culturel et intellectuel, comme affirmation incontournable du sujet pensant dans les discours sociaux et identitaires, comme renouvellement en profondeur des thèmes et des imaginaires de création, il aurait peut-être été possible de faire mieux ; enfin, de faire autrement ; enfin, de faire véritablement autre chose, ou, peut-être plus subtilement encore, de chercher à faire accéder à leur plein épanouissement les germes d'universalité et de modernité que l'on trouvait déjà dans la culture canadienne-française, plutôt que de renier celle-ci en bloc et d'être rattrapé à tout moment par ce qu'il y a de plus détestable chez elle : la peur de l'autre, la fixation identitaire, le conformisme, le misérabilisme, la haine de soi, le repli sur soi.

C'est dire que le passage à la modernité ne se décrète pas du jour au lendemain, et qu'il ne suffit pas de liquider le passé pour être de son temps et quitte envers lui. Ainsi, le refoulé n'a cessé de faire retour tout au long de ce que nous pourrions appeler l'« histoire moderne du Canada français », mais que l'on fait tout pour ne pas appeler de cette manière, préférant, dans le déni généralisé devenu lieu commun, parler de l'« histoire du Québec », n'hésitant pas au besoin à réécrire l'histoire. Mais ce qui a été refoulé de la sorte, ce sont *aussi* toutes les pistes ouvertes à la modernité et à l'affirmation des singularités à même la culture canadienne-française d'avant la Révolution tranquille. Ce sont ces pistes que nous avons voulu suivre en nous attardant aux œuvres de Toupin, de Saint-Denys Garneau et de Ringuet.

À travers leurs œuvres, une autre façon de rompre avec l'ancien pour ménager des ponts vers le nouveau a été esquissée. Plutôt que de passer par la « Grande Rupture » ou la « Liquidation généralisée », cette voie plus discrète consiste en un lent processus d'intériorisation et d'individualisation. L'héritage culturel n'est pas évacué mais intériorisé au point de devenir parfois méconnaissable dans ce processus de subjectivation ; on s'en détache non pas en le traînant dans la boue ou en blasphémant, mais en le faisant accéder à un autre niveau, plus personnel, plus existentiel : un niveau qui concerne avant tout l'homme et le sujet modernes. Ce faisant, et contradictoirement, le passage à la modernité est peut-être plus substantiel, plus profond et plus radical, même si les traces de l'ancien sont plus vives et plus marquées, parce qu'il n'escamote pas cette difficile transition faite d'arrachements, de retours, d'exil intérieur, de subjectivation, mais aussi d'attachement à ce qui fut. C'est dans ce tiraillement, me semble-t-il, que la conscience de soi s'éveille véritablement, plus que dans le déni ou la rupture, qui ne peuvent conduire qu'au retour du refoulé, d'une part, ou à l'adhésion aveugle aux poncifs modernistes, d'autre part.

Ainsi en est-il du « christianisme » d'un Saint-Denys Garneau, lequel ouvre sur la condition de l'homme moderne, un homme « sans abri », dépouillé, livré à l'inquiétude, mais ressentant toujours l'appel de la transcendance dans un monde voué au matérialisme et à une forme dévoyée de cartésianisme. Ainsi en est-il de la défense et de l'illustration de la « langue française » d'un Paul Toupin, une illustration qui s'éloigne des lieux communs identitaires pour nous conduire sur le chemin du *style,* c'est-à-dire de l'affirmation d'une singularité et d'une personnalité irréductibles à même la « langue commune ». Ainsi en est-il, enfin, de la ferme et du « terroir » d'un Ringuet, un terroir devenu impossible sous la poussée de l'industrialisation et voué à disparaître, et qui néanmoins recèle une valeur non pas identitaire mais *ontologique,* que l'« îlot d'humanité » et les réflexions sur la terre, le temps, les hommes et la mortalité exacerbent tout en préparant l'intériorisation de ce « terroir » – laquelle pourrait éventuellement nous amener à cultiver notre « ferme intérieure ».

Évidemment, en mettant de l'avant cette idée d'une *autre* modernité, nous accentuons l'écart avec *une certaine représentation* de la modernité. Mais cet écart n'est pas refus de la modernité : cet écart est refus d'une modernité qui, en se développant sous la poussée d'un technicisme et d'un productivisme conquérants, se ruine à mesure qu'elle avance, se nie en même temps qu'elle triomphe. Cette modernité, celle qui s'épanouit aujourd'hui en Occident et que le reste du monde s'efforce d'imiter, n'est que trop rarement celle du sujet pensant, de la conscience individuelle ou de l'écart réflexif. Si l'affirmation des singularités et des individus est avec l'essor de cette modernité encouragée jusqu'à un certain point, elle est aussi obstruée, ramenée à des types et à des schémas comportementaux socialement rentables. Pauvre, superficiel et restreint, l'individualisme favorisé et valorisé dans les sociétés modernes se doit de servir, en dernière instance, à la reproduction sociale et à la réalisation du projet prométhéen de l'homme occidental, qui cherche avant tout la puissance, et non la liberté – une puissance qui s'appuie sur la technique et la connaissance rationnelle du monde matériel plutôt que sur un véritable approfondissement des singularités et de leur expression.

Ainsi sommes-nous confrontés de nos jours au paradoxe d'une modernité qui occulte l'inquiétante modernité du sujet, ce « cas singulier », comme disait Nietzsche ; « l'Unique », comme disait Kierkegaard ; qui pense librement, reste insaisissable et inassimilable comme Montaigne ; souverain et farouche comme Rousseau et Thoreau ; et qui aujourd'hui, peut-être, refuserait de participer au divertissement généralisé et préférerait l'affirmation de sa propre puissance d'expression à la puissance impersonnelle de l'Homme technologique.

Or, nos « Modernes » canadiens-français ont ceci d'intéressant qu'ils nous permettent également de nous maintenir dans un écart réflexif par rapport à cette modernité. En ce sens, leur « retard », voire leur « archaïsme », est pour nous l'occasion de penser non pas à un hypothétique retour au passé, à la tradition ou à la nation, mais au *dépassement* de l'orientation contemporaine de la civilisation occidentale. L'écart dans lequel nous nous situons, notre non-adhésion à tous les poncifs modernistes, est pour nous un tremplin permettant de penser l'au-delà de cette modernité. Notre intention n'est donc pas de condamner ce qui est, le moment civilisationnel actuel, au profit d'un retour à ce qui fut (qui n'oserait par ailleurs s'avouer), mais de nous servir de cet écart (parfois fort substantiel) pour ouvrir un nouvel horizon. \

Mais pour ouvrir un horizon, encore faut-il avoir le *goût* et le *sens* de ce qui échappe au moment présent. Encore faut-il avoir en soi quelque *ressort* pour échapper à l'aplatissement généralisé de tous les horizons. Tout en pensant et en favorisant l'avènement de l'individu, encore faut-il pouvoir poser la question du sens, car autrement l'individu n'est qu'une coquille vide, un ectoplasme en attente d'être rivé à n'importe quel écran, lequel lui apportera « bonheur » et « reconnaissance », comme chacun le sait. Il se dit libre… Peut-être l'est-il… Mais « libre *pour quoi* » ? demandait Nietzsche dans le *Zarathoustra.* Telle est l'*autre* question, celle qui suit l'émancipation de l'individu des sociétés traditionnelles : la *question du sens posée directement à l'individu,* sans l'intermédiaire de la religion ou d'une communauté nationale. Cette question est par excellence celle de notre temps : question qui s'insinue dans les interstices de nos vies tellement modernes qu'elles pourraient à la limite s'en dispenser, mais qui insiste néanmoins – angoissante, taboue, plus actuelle que jamais dans son inactualité, cette *inactualité du sens qui s'adresse maintenant à chacun d'entre nous.*

C'est dans le sillage de cette question qui poursuit ma quête d'une autre modernité que je serai maintenant amené à ouvrir la perspective pour interroger l'œuvre de penseurs et d'écrivains européens et américains qui, à première vue (mais cette vue est courte et bornée), n'ont rien de commun avec nos auteurs canadiens-français précédemment étudiés ; mais qui, tout en étant irrémédiablement « modernes » et *singuliers,* tout en appartenant aux nations les plus « développées » de l'époque comme la France, l'Allemagne ou les États-Unis, n'auront certes pas été les apôtres d'un retour à ce qui fut, mais les précurseurs d'une *autre* modernité, plus substantielle, plus spirituelle, plus profondément libre et émancipatrice, et, par conséquent, moins productiviste et moins techniciste – en cela, précisément, ils rejoignent les pousses et les germes d'universalité à contre-courant que l'étude de ces auteurs canadiens-français nous a permis d'explorer.

Qu'il s'agisse de Goethe, de Nietzsche ou d'Hermann Hesse, chacun fait l'expérience de l'avènement de la modernité et d'une rupture irrémédiable avec la tradition. Tout en pensant l'émergence de l'individu et sa nécessité, chacun tente pourtant de redessiner l'horizon et de redonner un sens à l'existence humaine par-delà la discontinuité historique et l'effondrement de la transcendance. Or, étrangement, un certain *archaïsme* se manifeste alors dans ce refus d'un monde livré à une horizontalité béate, à la quête du confort et du bonheur que Nietzsche stigmatise à travers la figure du « dernier homme », auquel il oppose le « surhumain ». Mais cette résistance pourrait tout aussi bien nous rappeler celle de ce poète canadien-français réduit au silence de ses os, dont l'« exigence verticale » parlait cependant plus fort que son silence à travers cette image qu'il nous a laissée de l'« épine dorsale » dressée envers et contre tout, dans l'attente de ce qui sauve. Se dessine alors, dans le sillage de notre réflexion en compagnie de ces auteurs allemands, l'étrange figure de ce que nous avons appelé le « moderne-archaïque », soit la *figure de l'individu émancipé aux prises avec la question du sens.*

Rousseau et Thoreau permettent d'*approfondir* cette souveraineté et cette indépendance du sujet moderne, au cœur de l'avènement de la modernité (ce dont témoigne la pensée de Descartes). Mais cette soif absolue de liberté et d'indépendance les conduit pourtant à s'écarter de la marche triomphale de la modernité rationaliste, pour valoriser un certain « primitivisme ». En questionnant sans relâche le Soi, la Nature et l'Origine, Rousseau et Thoreau font l'expérience d'une liberté inédite et d'une souveraineté originelle qui les éloignent du projet prométhéen de domination de l'homme sur la nature que l'on trouve dans le *Discours de la méthode* et qui s'avère être le refrain des temps modernes, un refrain qui est plein de sens dans la mesure où il aura permis d'améliorer de façon inimaginable les conditions de vie de l'homme en général (hygiène, médecine, habitation, espérance de vie, libération du temps consacré aux tâches mécaniques, etc.), mais un refrain somme toute impuissant à répondre encore une fois à la question du sens. Rousseau et Thoreau ont donc pris un *autre* chemin et ont fait en cours de route la découverte de ce « Soi originel » qui est aussi et indissociablement écoute de l'Être. Or, cette écoute de la Nature, de l'Être et de ce « Soi » qui s'éprouve au plus près de son surgissement originel, n'est pas sans rappeler l'atmosphère que l'on trouve dans certains romans canadiens-français comme *Trente Arpents*, ou, plus encore, dans la peinture d'un Marc-Aurèle Fortin qui peignait, dans la plénitude de la lumière et des éléments, cette joie incommensurable d'être au monde.

C'est donc en suivant la pensée et la démarche de ces explorateurs européens et américains d'une *autre* modernité que je serai à chaque fois conduit à interroger à nouveau le rapport problématique à la modernité de la culture canadienne-française dans ce qu'elle a justement d'archaïque, de primitif, voire de provincial. Or, éclairés et mis en relief par les œuvres de Nietzsche, de Hesse, de Rousseau et de Thoreau, cet archaïsme, ce primitivisme et ce provincialisme peuvent également s'avérer des germes d'universalité à contre-courant ouvrant sur une autre modernité, plus profonde et, surtout, plus *substantielle* que celle qui triomphe aujourd'hui et qui fait de l'« homme moderne » un amputé du sens, un lobotomisé du rapport à l'être et un nouveau valet de la technique. Tout en pensant l'avènement de la culture canadienne-française à la modernité, nous pouvons nous servir, sans pour autant mettre de l'avant un quelconque retour au Canada français traditionnel, de ces germes « primitifs » et « archaïques » pour rester libres, distants, voire un peu dédaigneux devant l'apologie de la modernité dans ce qu'elle a de plus bête, de plus servile, de plus insignifiant et, finalement, de plus antimoderne en ceci qu'elle en vient à nier et à enrégimenter l'individu qu'elle est pourtant sensée aider à s'émanciper.

Qui sait si ce n'est pas dans ces germes d'universalité à contre-courant que réside la modernité la plus substantielle et la plus originale de la culture et de la littérature canadiennes-françaises ? Si ces germes doivent être cultivés et mis en rapport avec de grandes figures de l'*autre modernité* européenne ou américaine pour croître en pleine lumière et nous donner le goût d'aller plus loin encore, eh bien, il n'est jamais trop tard pour commencer à les cultiver et pour leur ouvrir ces livres étrangers qui les éclairent d'une étrange lumière, à la fois crépusculaire et augurale : la lumière d'un monde qui a été et dont on se souvient, la lumière d'un monde encore à naître et qu'on voit poindre dans nos heures silencieuses.

SECONDE PARTIE

Redessiner l'horizon ?

Qu'ai-je donc à dire ? Ai-je le droit de parler ? Peut-on se risquer à écrire en son propre nom plutôt que sous un nom d'emprunt, sérieux, objectif, académique, à mille lieues de ce que nous aurions au fond vraiment à dire ? Il vaudrait sans doute mieux ne pas tenir compte de ce que l'on est, de ce que l'on pense, entrer dans le rang, faire comme tout le monde et se taire – ou parler pour ne rien dire, ce qui est une autre façon de se taire. Nous serions tranquilles… Comme une carpe dans sa vase. À l'abri… caché au fin fond de soi, ne pouvant être montré du doigt par personne : *incognito*. Et si nous n'avions rien à dire… Et si ce que nous étions était si peu de chose que cela ne valait presque pas la peine de se forcer, de persévérer, d'essayer de se dire ? Présentement, je tiens un crayon, j'essaie d'écrire, mais ce n'est toujours qu'une façon de tendre la main, de se donner et de se perdre : en fait, mes mains sont vides. Pourtant, j'aimerais bien être « quelque chose »… Mais il semble que nous ne nous possédions pas, et je m'échappe. Comme Saint-Denys Garneau, je suis un « mauvais pauvre » à la besace percée. Que faire alors, lorsqu'aucun *moule* ne semble pouvoir nous convenir (ou nous contenir) ?

Lorsque je regarde en moi, ce n'est pas tant *moi* que je trouve, ni même un arrière-*moi* (labyrinthe inextricable), mais une sorte de grand espace plus ou moins vacant, plus ou moins désert, avec quelques trous, quelques déceptions et beaucoup d'espoir malgré tout. Peut-être suis-je ridicule ? Probablement se fiche-t-on éperdument de mon *moi* et de mon arrière-*moi*. Pourtant, je préfère être ridicule, trébucher sur moi-même et mes mots plutôt que de vivre dans l'oubli de ce que je suis, et ce, même si ce que je suis ressemble davantage à une aspiration un peu vague qu'à une *chose* dûment identifiable. Telle serait ma fatalité, une fatalité qui, bien qu'elle ait tendance à me déposséder de toutes certitudes, me livrant sans défense à ce que je suis et à l'angoisse qui m'habite, n'en demeurerait pas moins tendue vers l'avenir, grosse d'un espoir un peu fou qui me murmure à l'oreille que chaque être, moi le premier, a quelque chose à produire qui réponde à la nature de ce qu'il est. Cet espoir, c'est l'arbre qui pousse en moi qui me l'enseigne. Ce murmure de l'âme est en quelque sorte ma musique intérieure, le *son* véritable de mon être – même si, parfois, je n'arrive plus à l'entendre, assourdi qu'il est par le bruit environnant ou par quelque inquiétude qui le recouvre.

Décidément, le « moi » de mon moi – mon *âme* ? – est celui d'un romantique ! Au secours ! Misère ! Il faudrait que je me soigne, que j'aille voir un psychologue ou que je me fasse engager le plus tôt possible dans quelque bureau, usine ou firme prestigieuse pour y travailler tout le jour plutôt que de chercher, « moi », à produire quelque chose en labourant les trente arpents de mon être intime. Mais je suis « gravement atteint », car je ne peux pas même me résoudre à être ce que je suis, puisque ce que je suis veut plus que ce qui est. Être de désir ? Manquant parce que désirant ; désirant parce que manquant ? Pindare a beau avoir lancé le mot d'ordre : « Deviens qui tu es », cette formule, près de deux millénaires et demi plus tard, est toujours aussi ambiguë. Que Goethe en ait fait sa devise, que Nietzsche l'ait reprise, cela ne la rend pas moins problématique. Car être ce que l'on est ne va pas de soi… Tout plutôt semble vouloir nous éloigner de ce but : les médias, l'école, le travail, quand ce n'est pas la structure même de notre être qui agit à la manière d'une centrifugeuse. Et ce but lui-même semble ne jamais pouvoir être atteint : en effet, il n'a pas été dit d'*être* ce que l'on est mais de le *devenir*. Est-ce à dire que cette quête ne saurait avoir de fin ? Peut-être… Surtout si, à l'instar de Nietzsche, on conçoit sa vie comme un effort sans cesse à reprendre pour se dépasser soi-même (le « surhumain » n'est qu'à ce prix, un prix que l'on doit payer « éternellement ») ou encore, selon les mots de Goethe, comme un effort continu pour conquérir et faire fructifier tout ce que la nature a mis en nous. « Devenir ce que l'on est », cela suppose en outre la capacité de se perdre, de se quitter, de mourir à une image de soi et de remettre en question le monde dans lequel on a été élevé. Et lorsque nous ne saurons plus nous reposer dans la conscience de notre ancien « moi », alors commencera la véritable aventure, celle de notre seconde naissance, naissance rendue possible par l'éveil d'un étrange désir : la tentation d'être soi.

La tentation d'être soi

Se perdre pour se trouver, mourir à une image de soi, sortir du cadre pour réaliser ce que l'on est. Sur papier, tout cela est très joli, cela semble presque aussi simple que de mordre dans une pomme, pourtant, on sait fort bien qu'il y a là un pas que très peu de gens oseront franchir. Se lancer à la recherche de ce « soi » qui n'est pas « moi » (mais que l'on pressent par ailleurs) et de tout ce qu'il pourrait produire d'effets inimaginables et parfois déstabilisants, cela suppose, outre un certain aveuglement, une foi quasi instinctive en la vie, une confiance en ce qui est, un abandon et un effort – et ce, même si cette « foi en la vie » se trouve être l'envers d'un « désespoir » non moins présent mais assumé. Généralement, on préférera toutefois occulter le vide qui nous habite. Mais ce faisant, nous occultons aussi la source de notre être, de notre désir et de tout ce qui nous pousse à nous mettre en jeu et à tendre véritablement vers l'autre. On se croit plein, sûr de soi, maître de son destin et des choses. On voudrait bien « se réaliser », comme on dit, mais pas à n'importe quel prix, et c'est ainsi qu'on ravale sa défaillance intime et ce qui nous fait trop souffrir. Or, c'est toujours de *soi* que l'on souffre en premier lieu, et c'est *soi* qu'on ravale. Certains s'accrocheront à leur branche de peur de perdre pied, comme dirait Nietzsche. Mais n'a-t-on pas pensé qu'en perdant pied et en se relevant après quelques instants, on apprendrait peut-être à marcher d'un pas qui serait vraiment le nôtre ? N'est-ce pas en bégayant que l'on apprend à parler ? N'est-ce pas en trébuchant que l'on apprend à marcher ?

Si le désespoir est aujourd'hui la grande maladie de notre temps, au Québec comme dans tout l'Occident, les jeunes en sont souvent les premières victimes, et cela est désolant, car l'espoir devrait être de leur côté, eux qui ont davantage de vie devant eux que derrière. Certes, il y a ceux qui « réussissent » bien, dirait-on, mais il y a aussi ceux qui, de plus en plus nombreux, décrochent, et que rien ne rattrape. Et dans la réussite même se cache parfois plus de désespoir (de renoncement à soi) que dans l'échec. Il y a aussi tous les inquiets qui, sous des apparences de « réussite », se demandent ce qu'ils font là, dans l'existence. Pour eux et pour moi-même, je n'ai pas de réponse toute faite. Pourtant, l'espoir n'est pas mort. Mais là où il y a de l'espoir, ce n'est pas nécessairement là où l'on croit qu'il se trouve ou qu'on voudrait nous le faire croire : aucune Cause jamais ne nous sauvera, aucun repli sur ce qui a déjà été n'assurera notre salut. Si le monde dans lequel nous vivons est un monde d'images, d'apparences et, souvent, de bêtise et d'inculture, il est aussi et justement un monde des *apparences,* c'est-à-dire qu'il suffit parfois de creuser un peu pour qu'advienne *autre* chose, pour qu'une parole authentique soit tenue, pour qu'un désir nouveau soit formulé. Et lorsqu'une parole authentique est tenue, soi et le monde ne s'en trouvent-ils pas pour un moment sauvés, réenchantés, exhaussés ?

Laissés à eux-mêmes, nombreux sont ceux qui, ici comme ailleurs, sont aussi susceptibles d'advenir à eux-mêmes. Cette dualité du monde contemporain dans lequel

nous vivons, à la fois superficiel et profond (si proche parfois de la profondeur, c'est-à-dire de *soi*, dans le brouhaha
général), il faut être capable de la prendre en considération,
car la réalité est ambiguë. Aujourd'hui, plusieurs pourraient
reprendre à leur compte l'impératif de Pindare de devenir
ce que l'on est – car derrière l'individu aux comportements
stéréotypés des sociétés modernes, il y a tout de même un
individu authentique en puissance, un individu qui a
échappé au joug des sociétés traditionnelles et qui, pour le
moment peut-être, ne sait trop quoi faire de sa liberté. Si
nous vivons bel et bien dans un monde de l'image où toute
vie intérieure semble être occultée, voire interdite, sachons
aussi prendre conscience de la vacuité de ces images et de
ce qui se cache derrière l'adhésion à telle ou telle image.
Derrière la vacuité, des courants de liberté et une grande
disponibilité ; derrière l'adhésion aveugle à des comportements stéréotypés ou éphémères, des singularités encore
mal définies qui se cherchent, sans savoir parfois qu'elles se
cherchent. Au-delà et en marge de la culture de masse et de
l'individualisme frelaté qui l'accompagne, peut-être y aura-
t-il aussi de plus en plus d'exceptions, de plus en plus d'individus émergents et authentiques à voir le jour. Ces individus, ce sont les déserteurs – les solitaires d'aujourd'hui et
l'espoir de demain. Peut-être seront-ils un jour un peuple,
comme le souhaitait Nietzsche, un peuple conscient de lui-
même, qui fera de cette terre un lieu de guérison pour
l'homme : « Vous, les solitaires d'aujourd'hui, vous qui vous
retirez à l'écart, vous serez un peuple un jour : de vous qui
vous êtes vous-mêmes élus, naîtra un peuple élu, – et de lui
naîtra le surhumain. En vérité, c'est un lieu de guérison que
doit devenir la terre ! Déjà une nouvelle odeur l'entoure,
une odeur salutaire, – et un espoir nouveau[1] ! »

---

1. Friedrich Nietzsche, « De la vertu qui prodigue », dans *Ainsi parlait
Zarathoustra,* trad. Georges-Arthur Goldschmidt, Paris, Le Livre de
poche, 2003, p. 98.

Si les grandes valeurs auxquelles les hommes avaient pris l'habitude de se référer pour se conduire dans l'existence se sont effondrées et que le Dieu qui les soutenait agonise, ne pourrait-on pas aussi y voir – plutôt que de simplement déplorer cet effondrement – une occasion pour l'individu d'apparaître et de faire l'épreuve de ce qu'il est ? Sans cette épreuve, qui est par excellence celle de la modernité et de l'émergence de l'individu, il ne peut y avoir de culture que superficielle. Sans cette épreuve, il ne peut y avoir de cheminement individuel qu'inauthentique et vain, un chemin d'emprunt, ni à soi ni à personne. L'homme moderne, dont nous sommes les héritiers, l'homme de la Renaissance, qu'il s'agisse de Léonard de Vinci ou de Montaigne, défait le monde pour le recomposer. Les valeurs absolues ne tiennent plus dès lors qu'un « sujet » s'avise de les peser. De Montaigne à Nietzsche, il n'y a qu'un pas. Cela ne veut pas dire qu'il n'y a plus de valeurs, ni de sens, ni rien qui tienne ; cela veut dire que c'est à l'individu, « la plus récente des inventions », qu'il incombe désormais de donner un sens à son existence et d'intérioriser telle ou telle valeur, quitte à en créer, comme le suggère Nietzsche, si aucune ne lui convient : « Le changement des valeurs, – c'est le changement des créateurs. Celui qui doit être un créateur, celui-là détruit toujours. Les créateurs, ce furent d'abord les peuples, et bien plus tard seulement des individus ; en vérité l'individu lui-même est la plus récente des créations[2]. »

Qu'il s'agisse de Goethe ou de Nietzsche, tous deux n'ont pas seulement repris à leur compte l'impératif de Pindare de devenir ce que l'on est, ils en ont fait une œuvre, une œuvre où le défi nous est en quelque sorte lancé de reprendre à notre compte cette exhortation. Certes, à notre époque, la culture ne va plus du tout de soi. Pour une large part, elle a été remplacée par une culture de masse. Les

---

2. *Ibid.*, « Des mille et un buts », p. 78.

valeurs qui la soutenaient se sont effondrées ou très largement érodées. Quant à l'individu, il ne peut plus s'en
remettre d'emblée à elles ni se définir par rapport à elles.
Fondamentalement, l'effondrement généralisé de la culture
en Occident ne peut être combattu que d'une seule façon :
en reprenant à son compte l'exigence de la culture et en la
régénérant de l'intérieur, c'est-à-dire de l'intérieur d'une
subjectivité vivante et agissante. À cela, Goethe et Nietzsche
peuvent nous aider. Le premier avait pressenti cet effondrement. Le second en révélera toute l'ampleur. Par-delà
ce constat, certaines œuvres, tels le *Meister* de Goethe et
le *Zarathoustra* de Nietzsche, visent précisément à tirer la
conscience de sa torpeur, à remettre l'individu sur le chemin
de lui-même et de son propre dépassement. En ce sens, ces
œuvres sont porteuses d'un espoir *pour demain*, qui prend
en compte l'émergence de l'individu. Pour les solitaires
d'aujourd'hui et de demain, pour tous ceux qui se cherchent et qu'aiguillonne la tentation d'être soi, elles sont un
réconfort et une exhortation, car le solitaire y entrevoit son
peuple et ses frères dispersés, tous ceux qui s'efforcent sur le
chemin, en partance vers un soi-même meilleur que soi.

De l'éveil de la conscience au désir d'œuvrer

L'Acte éternel agit, vivant !
Et ce qui n'était pas, veut être, veut enfin
Au soleil, à la terre, aux couleurs se mêler ;
Nulle chose jamais ne se peut reposer.

Il faut que tout agisse et soit mouvant et crée
Et que la forme change aussitôt que formée.
Tu n'es qu'une apparence, ô repos du moment !
Partout au plus profond se meut l'éternité,
Car toute chose ira se dissoudre au Néant
Si dans l'Être immobile elle veut demeurer.

GOETHE, « L'Un et le Tout »

Lorsqu'on pense à Goethe, on imagine souvent une sorte d'Olympien, souverain, inaccessible, trônant au-dessus de l'Europe. Pourtant, son génie fut essentiellement dynamique, se riant de tous ces « jeunes sans jeunesse » qui venaient le visiter à Weimar et « que seuls les plus hauts problèmes de la spéculation » intéressaient. À l'âge de soixante-dix-neuf ans, Goethe se plaignait à Eckermann de ce que « tout tend chez nous [en Allemagne] à mater de bonne heure la chère jeunesse, à extirper toute force naturelle et primesautière, toute originalité, si bien qu'en fin de compte, il ne reste plus que le philistin[3] ». Le philistin a deux visages : il peut bel et bien être une brute endurcie, manquant du goût le plus élémentaire, mais il peut aussi être l'un de ces imposteurs de la culture dont le savoir et le goût sont essentiellement livresques. L'in-culture peut naître tant d'une absence de vécu que d'une absence d'éducation. Le fait d'adhérer inconditionnellement aux grandes œuvres de la culture sans les avoir pesées et éprouvées (soit le conservatisme culturel a priori) n'est guère mieux que le désir d'épater la galerie en ne produisant que des œuvres répondant au goût du jour. L'individu ne sau-rait faire l'économie de ce qu'il est en se plaçant d'emblée à un niveau supérieur, idéal et idéel, sous peine de pervertir ces idéaux auxquels il souscrit sans véritablement les incar-ner. C'est pour cette raison, ce manque d'expérience et d'épreuves personnelles, que Goethe se moque malicieuse-ment de tous ces « jeunes » à la poitrine creuse, déjà « tout engoncés dans l'Idée ». Car à la fin, on en vient à ne plus pouvoir respirer à notre aise que dans une bibliothèque… Or, c'est justement cette bibliothèque et sa stérilité que Faust finira par maudire…

Mais qu'ai-je donc à parler, *moi*, de Goethe et de son œuvre ? Ne suis-je pas, à ma manière, un philistin de la

---

3. J. W. Goethe et Johann Peter Eckermann, *Conversations de Goethe avec Eckermann*, trad. Jean Chuzeville, Paris, Gallimard, 2001, p. 567 et 562.

culture ? *Moi* qui m'appuie sur de grandes œuvres pour parler et qui avance le visage masqué... D'abord, il faudrait dire que ce n'est pas tant l'Œuvre ni Goethe *en soi* qui m'intéressent, telle une précieuse idole culturelle, mais ce qu'il y a là, dans cette œuvre, de toujours vivant et agissant pour moi – pour les solitaires d'aujourd'hui et de demain peut-être également. De toute manière, je ne cherche pas tant à rendre un culte à cette idole de marbre qu'à la libérer de ses chaînes. Goethe eût sans doute apprécié. Il faudrait aussi ajouter que cet auteur, si invraisemblable que cela puisse paraître, si éloigné qu'il fût de mes dix-sept ans d'alors et de la banlieue où j'ai grandi, m'a aidé à vivre. Seul alors, je n'étais pas si seul. Laissé à moi-même, je n'étais pas tout à fait abandonné. C'est ainsi que certains livres, certains auteurs nous aident parfois plus que d'autres à continuer à nous tenir debout. Voilà pour la petite histoire...

Cela dit, Goethe n'a jamais cru qu'il fallait lancer par-dessus bord toute la tradition et toutes les œuvres du passé. Seulement, rien ne doit jamais être acquis une fois pour toutes. Une œuvre, nous dit Goethe, fût-elle de génie, vaudra dans la mesure uniquement où elle aura su conserver son « énergie » et sa « force productive ». Peut-être est-ce ce qui fait qu'on la dit « de génie », d'ailleurs. L'œuvre, par son inscription sensible, permet la *répétition,* c'est-à-dire la réactualisation des processus internes ayant permis et suscité sa création. La force dont elle est porteuse et qui la porte existe toujours et peut être renouvelée. C'est à l'individu que revient cette tâche d'actualiser ces œuvres et d'y trouver de quoi relancer sa propre existence. « Le monde peut bien avoir progressé dans l'ensemble, mais la jeunesse, nous dit Goethe, doit toujours recommencer à pied d'œuvre et revivre en tant qu'individu les époques de la culture universelle[4] ».

---

4. *Ibid.,* p. 555 et 191.

L'expression « en tant qu'individu » est très importante. Mais qu'est-ce à dire ? Cela suppose un cheminement, une expérience du monde, un éveil progressif de la conscience. *Les Années d'apprentissage de Wilhelm Meister* sont un excellent exemple de cet éveil progressif de la conscience et du cheminement qui l'accompagne. Ce livre, lu à dix-sept ans, à un âge où diverses pressions sociales et familiales s'exercent sur le « jeune » pour qu'il choisisse une « carrière », m'avait alors profondément marqué et confirmé dans ma vocation, ou absence de vocation professionnelle : « Je veux être moi et rien d'autre ! » C'est pourquoi j'aimerais retracer ici rapidement ce cheminement qui nous servira d'exemple.

Wilhelm Meister, archétype de tous ces jeunes gens qui se cherchent, est le héros du livre, celui qui « apprend ». Il se passionne pour le théâtre. C'est la première chose que nous savons sur lui. Dès la quatrième page du livre, on se rend compte que sa passion pour le théâtre entre en conflit avec le monde bourgeois qui est le sien. Son père, pragmatique, vouant un culte au commerce et aux affaires, lui reproche sa passion et son enthousiasme pour le théâtre. Quant à Wilhelm, on l'aura deviné, il reproche à son père et au monde bourgeois leur étroitesse d'esprit. Envoyé en voyage d'affaires par son père, Wilhelm en profitera pour se lier à une troupe de théâtre. Il en deviendra même rapidement le directeur. Cultivant sa personne plutôt que de s'occuper des affaires de son père, il continuera sur sa lancée, entouré de ses nouveaux amis, jusqu'à ce qu'il commence à remettre en question la voie qu'il a suivie jusque-là. Il s'aperçoit finalement que le théâtre n'est pas pour lui : il n'a pas de véritable talent d'acteur, il ne sait jouer que son propre personnage. Heureusement, Wilhelm s'est fait de nouveaux amis qui gravitent tous autour d'une étrange société secrète : la société de la Tour. Nous découvrirons que ces derniers avaient un œil sur lui depuis le début. Wilhelm apprendra en outre que le petit Félix qui l'accompagne est en fait son fils. Il est l'enfant de Marianne, la première flamme de Wilhelm, morte en couches. À l'époque, il s'était cru trompé par elle et ne l'avait plus revue. Aujourd'hui, le Fils lui revient, et il l'adopte.

Peu à peu, Wilhelm prend conscience de la nécessité de la vie active. Parallèlement à cette prise de conscience, il épouse Nathalie, une aristocrate, la sœur de son ami Lothario. Par ce mariage, Wilhelm s'élève au-dessus de sa condition de bourgeois. Il est dorénavant un aristocrate. Pourtant, sitôt marié, il s'embarque avec son fils pour l'Amérique dans l'espoir d'y mener une vie active. Le monde change, et c'est d'hommes actifs qu'il aura de plus en plus besoin, croit-il. Le livre s'achève sur ce départ pour l'Amérique. *Les Années de pèlerinage de Wilhelm Meister* sont en quelque sorte le prolongement des *Années d'apprentissage.* L'essentiel s'y déroule en Amérique. Toutefois, l'accent est mis dans ce livre sur des questions d'ordre social et politique plutôt que sur la formation de l'individu. Wilhelm continue d'apprendre de ses expériences, mais il n'est plus un protagoniste aussi important que dans *Les Années d'apprentissage.*

Globalement, s'il nous fallait chercher la trame signifiante de cette gigantesque fresque romanesque qui s'étend sur plus de 1 300 pages, nous pourrions aisément distinguer deux moments forts présidant à la formation de l'individu : celui où il prend conscience de lui-même et du désir qui l'habite de se former selon sa nature, et, dans un deuxième temps, celui où il éprouve la nécessité de s'engager dans l'existence, d'agir et de passer à l'acte.

La révolte initiale d'un Wilhelm contre le monde bourgeois est une révolte de l'esprit contre la matière. L'Idéal se rebelle, entre en guerre. Il lance son défi à la face du monde. La tyrannie de l'« utile » et de « tout ce qui rapporte » immédiatement à notre bourse devra céder devant l'« élan intérieur » qui seul peut nous élever au-dessus de nous-mêmes et « du cercle étroit où les autres s'agitent misérablement dans l'angoisse ». Wilhelm sent « que les hommes portent au-dedans d'eux-mêmes une étincelle qui, faute d'être alimentée et animée, se recouvre de la cendre toujours plus épaisse des nécessités quotidiennes et de l'indifférence[5] ». C'est pour réveiller cette étincelle qui sommeille en chacun de nous que Wilhelm décide de se lancer dans le théâtre.

Cette révolte de l'esprit contre la matière est aussi une révolte du Fils contre le Père indigne qui a vendu le patrimoine familial contre des liquidités, et pour qui le commerce est « la plus noble des occupations ». Sans cesse « à l'affût de tous les avantages que telle ou telle spéculation pourrait lui apporter[6] », ce père n'a sans doute aucune idée du désir le plus profond qui habite son fils. Ce désir et ce refus du monde bourgeois, Wilhelm l'exprime comme suit dans une lettre qu'il adresse à son ami Werner, resté quant à lui dans le commerce et les affaires : « À quoi me servirait de fabriquer du bon fer, si mon être intérieur est plein de scories ? Et à quoi bon administrer en bon ordre un domaine, si je suis en désaccord avec moi-même ? Pour tout te dire d'*un* seul mot : me former moi-même, tel que je suis de par ma nature, ce fut obscurément, dès ma jeunesse, mon désir et mon intention[7]. »

Ce désir de se former soi-même « selon sa nature » renverse l'ordre de la morale bourgeoise, où chacun doit se départir de ce qu'il est, de sa personnalité, pour ne plus songer qu'à exceller dans un seul domaine. Wilhelm, lui, craint cette spécialisation qui, pour nous rendre utile d'*une* façon, nous fait négliger tout le reste, et particulièrement le développement harmonieux de notre nature. Ce n'est pas tant qu'il refuse toute activité pratique ou qu'il exècre tant les « arts positifs », mais il souhaite d'abord être *quelqu'un*

---

5. J. W. Goethe, *Les Années d'apprentissage de Wilhelm Meister,* trad. Blaise Briod, Paris, Gallimard, 1999, p. 90.

6. *Ibid.,* p. 73.

7. *Ibid.,* p. 364-365.

avant d'être utile, et d'une seule façon, à *quelque chose*. C'est en ce sens qu'il pourra faire l'éloge de l'aristocratie, car l'aristocrate est placé d'emblée, par sa naissance, au-dessus de la nécessité de se spécialiser pour devenir utile, voire utilisable. Wilhelm croit que le théâtre pourra lui permettre ce que sa naissance lui refuse, soit, encore une fois, le développement harmonieux de sa nature et de sa personnalité. Jusqu'à un certain point, il réussira son pari. Même si la vocation théâtrale s'avérera au bout du compte une voie qui n'est pas la sienne et qu'il reniera, son expérience l'aura néanmoins fait progresser sur le chemin qui mène à lui-même. Il aura en outre appris, chose capitale, à se risquer et à sortir du droit chemin pour trouver le sien. C'est déjà beaucoup !

Peu à peu, ce « souci de soi », ce « désir de se former selon sa nature » se transformera toutefois en un « désir d'œuvrer ». Si jusque-là Wilhelm avait négligé le monde extérieur, il s'y ouvrira de plus en plus. Son fils Félix lui posant mille et une questions sur le monde qui les entoure, il ne pourra faire autrement que de le redécouvrir à travers les yeux de l'enfant. Averti par une conversation avec un vieux pasteur que le pire malheur, pour un homme, « est que s'enracine en lui une idée quelconque qui n'ait aucune action sur la vie active, ou qui le détourne complètement de la vie active[8] », Wilhelm commencera à douter de sa vocation et de son idéal. Le retournement final, où Wilhelm abjure sa vocation et décide de s'embarquer avec son fils pour l'Amérique dans le but avoué d'y mener une vie active, pourrait être vu comme une sorte de trahison de l'idéal – suprême ironie de la part de Goethe, qui, après avoir stigmatisé l'étroitesse du monde bourgeois, s'en ferait le porte-étendard. Certains romantiques comme Novalis y virent bel et bien une trahison. Pour ma part, je crois à une ambiva-

---

8. *Ibid.*, p. 433.

lence beaucoup plus forte qu'il n'y paraît. En fait, toute l'œuvre est soumise à une tension entre le culte de l'Idée et le culte de l'Action. Car Goethe en veut tout autant à l'esprit étroitement utilitaire et terre-à-terre qu'à cette sorte d'idéal stérile qui finit par nous couper de nous-mêmes et du monde.

« Penser et agir, agir et penser ; c'est la somme de toute sagesse[9] », confiera-t-on à Wilhelm. L'action ne se suffit pas à elle-même. Si elle n'est pas insufflée et régénérée par la pensée, elle s'épuise, perd de son efficacité et de son sens ; quant à la pensée, elle s'étiole lorsqu'elle ne fait que se mirer en elle-même, se refusant ainsi à toute extériorité, extériorisation et production. « L'idée élargit, mais elle paralyse ; l'action vivifie, mais elle restreint[10]. » L'idéal pour Goethe serait de faire agir successivement, dans le cours de la vie, ces deux ordres de l'expérience humaine l'*un* sur l'*autre*, de manière à en apprécier les vertus et les qualités réciproques. L'action doit être soumise à l'épreuve de la pensée, et la pensée à l'épreuve du vivant.

Si Wilhelm, au début du roman, se hérissait tant à l'idée d'avoir à se spécialiser, c'est parce qu'il cherchait à se développer en harmonie avec sa nature. Peu à peu, il prendra conscience du fait que l'universel auquel il aspire ne saurait être atteint autrement que par l'approfondissement du singulier. Encore une fois, outrés, nous pourrions voir dans ce retournement une autre trahison, trahison cette fois de l'idéal humaniste de l'*homo universalis* où l'auteur, usant de sa souveraine ironie, nous aurait d'abord mis sur une fausse piste avant de nous détromper. Là encore, ce serait se précipiter que de vouloir trancher. À quoi bon en effet se maintenir dans l'illimité si cette absence de limites nous

9. J. W. Goethe, *Les Années de pèlerinage de Wilhelm Meister,* trad. Jaques Porchat, Paris, Les Éditions du Carrousel, 1999, p. 366.

10. J. W. Goethe, *Les Années d'apprentissage de Wilhelm Meister,* p. 671.

voue à l'impuissance ? N'est-ce pas en reconnaissant nos limites que nous pouvons être amenés à faire quelque chose qui réponde à notre véritable nature ? Et n'est-ce pas en acceptant de perdre le Tout que nous pouvons être amenés à découvrir « au plus profond de nous-mêmes [...] cette force créatrice, qui a le pouvoir de produire ce qui doit être et qui ne nous laisse trêve ni repos que nous ne l'ayons, d'une manière ou d'une autre, exécuté en dehors de nous ou en rapport avec nous[11] » ? En perdant le Tout, on peut redécouvrir l'Un. C'est l'ensemble de tous les hommes qui forme l'humanité ; c'est l'ensemble de toutes les forces de la nature qui fait le monde, dira Goethe. Mais le singulier, l'individu, l'« être qui est risqué », peut néanmoins accéder à l'universel en approfondissant sa singularité et en cherchant à la porter à sa suprême expression. Par là, il rejoint le Tout.

« La nature n'a qu'une seule écriture[12] », dira Montan à Wilhelm. Or, il s'agit d'en déchiffrer une partie pour que le Tout nous soit révélé. Il s'agit de s'être réalisé pleinement dans quelque chose pour s'être réalisé entièrement. Cette spécialisation au second degré, qui vise à faire fructifier les talents qui nous sont propres, n'a pas grand-chose à voir avec la spécialisation quelque peu grossière que Wilhelm aura d'abord rejetée, et qui vise plutôt à faire l'économie de cette quête risquée et de ce cheminement périlleux où l'individu prend peu à peu conscience de lui-même et du monde qui l'entoure, tout en essayant – avec beaucoup de tâtonnements et d'erreurs, il est vrai – à être ce qu'il est. Entre le jeune homme qui jamais ne s'est risqué, suivant en cela la voie qui lui était tracée depuis sa naissance, et celui qui, désobéissant à son père, se sera lié à une troupe de théâtre pour courir le monde et les aventures, quelle différence en bout de piste ! Werner, l'ami d'enfance de Wilhelm

---

11. *Ibid.*, p. 501.

12. J. W. Goethe, *Les Années de pèlerinage de Wilhelm Meister*, p. 55.

qui, lui, n'est jamais sorti du « droit chemin », comme on dit, a maintenant le dos voûté : il est devenu une sorte de travailleur acharné et hypocondriaque. Pendant ce temps, Wilhelm a certes beaucoup erré (il n'a pas fait fructifier son capital comme son ami Werner), mais il a fait fructifier les dons que la nature a mis en lui. Il a appris à s'ouvrir au monde et à lui-même : en cela, nous pourrions dire comme l'un des personnages à la toute fin du roman que Wilhelm a bel et bien découvert un « royaume[13] ». De ce rapprochement final entre les deux anciens amis d'enfance, nous pourrions conclure qu'il vaut mieux apprendre, dans un premier temps, à perdre son temps et risquer de se perdre soi-même que de croupir sur place, rivé à une image de soi, ne s'occupant que de choses extérieures qui nous concernent que de loin en loin ; qu'il vaut mieux chercher à vivifier cette étincelle qui gît en chacun de nous que de l'ensevelir sous les cendres de tout ce « qui va de soi ». Certes, cette étincelle, ce n'est pas grand-chose, mais c'est elle qui fait que nous sommes ce que nous sommes : elle est la meilleure part. Il y a des poussières d'étoiles qui savent qu'elles sont des poussières d'étoiles, et il leur arrive de se souvenir…

*   *   *

Bien sûr, tout reste encore à faire, d'une certaine manière, l'horizon est illimité, la vie commence à peine, ou recommence, pour être plus juste, en la personne de Wilhelm et de son fils Félix. La fin des *Années d'apprentissage de Wilhelm Meister* n'est pas autre chose qu'un nouveau départ : un départ pour l'Amérique ! Nul destin ne se scelle. Ce départ, placé sous le signe de l'action, prend en compte les bouleversements sociaux et politiques de l'époque. Entre l'écriture des *Années d'apprentissage* et celle des *Années de*

---

13. J. W. Goethe, *Les Années d'apprentissage de Wilhelm Meister*, p. 740.

pèlerinage, un événement majeur, aux conséquences gigan-
tesques, est survenu : l'Ancien Régime s'est effondré.
Goethe cherchera, dans *Les Années de pèlerinage,* à penser
d'une manière affirmative et positive ce bouleversement.
Faisant taire en lui le mouvement de répulsion qu'auront
d'abord causé chez lui la Révolution française et ses suites,
la Terreur, il imaginera, loin de ce « continent de la vieille
Europe[14] », en Amérique, ce que ce bouleversement pourrait signifier.

Développant dans cette « rêverie américaine » une
éthique affirmative du travail, Goethe réitérera sa conviction selon laquelle l'homme *peut* et *doit* apporter quelque
chose au reste de l'humanité en développant l'un de ses
dons. Le chapitre IX du *Livre troisième* des *Années de pèlerinage* est pour l'essentiel constitué d'une conférence qui se
déroule dans un climat presque magique en Europe. Cette
conférence a pour but d'inciter les gens à partir pour l'Amérique. Le culte de l'utile s'y déploie allègrement… On y fait
l'éloge de la société, de la spécialisation et du travail, etc. On
peut trouver cette philosophie platement terre-à-terre, mais
le climat qui l'entoure, l'idéalisme qui la porte font en sorte
qu'on peut ici parler d'un réalisme magique, ou d'un prag-
matisme idéaliste, pour qualifier le style et la pensée de
Goethe dans *Les Années de pèlerinage.* Tout le livre est ainsi
conçu, comme si la moindre chose, même la plus prosaïque,
était insufflée par l'Idée, et que l'esprit entourait et pénétrait
le moindre de nos gestes. Ce livre est donc une sorte d'utopie réaliste.

Toutefois, cette éthique du travail et de l'action, placée
sous le signe de l'utile et de la « spécialisation », et qui prend
en compte les grandes révolutions démocratiques de
l'époque, a aussi, il ne faut pas s'en cacher, quelque chose
de rebutant. Surtout lorsqu'on a connu le plein développe-

---

14. J. W. Goethe, *Les Années de pèlerinage de Wilhelm Meister,* p. 491.

ment de l'idéal productiviste et techniciste, comme c'est le cas dans nos sociétés occidentales contemporaines. Pourtant, quelque chose d'irréductible a été affirmé là : l'individu ne pourra plus se contenter d'*être*, tel l'aristocrate ou le sage – il lui faudra agir et se produire, prouver sa valeur, *devenir* quelqu'un. Aucun rang ni aucune place ne lui seront plus garantis, ni par sa famille ni par la société. Ce faisant, chaque homme se trouve comme investi d'une dignité nouvelle à peu près égale, dont la mise en valeur lui revient au bout du compte en propre. Ainsi, l'on consacre l'individu et sa puissance d'affirmation, d'idéation et d'action. Perdrat-il en cours de route, cet *homo democraticus*, le sens de lui-même et de son unité (si jamais il l'a eu) ? Perdra-t-il le rapport au Tout en se spécialisant toujours davantage ? Oui et non, mais pas nécessairement. Goethe pense, en bon spinoziste, ce travail et cette production dans un sens qui serait *immanent à l'individu* – qui ne le nierait pas, donc, mais en serait l'*expression*. Le travail n'est pas nécessairement aliénant, il peut le devenir lorsqu'il est systématique et prend tout notre temps, mais il peut aussi être de l'ordre d'une libération et d'une affirmation de notre puissance. Rappelons-nous ici ce que dit Goethe de l'*action* et de la *pensée*, que chacun des deux termes doit agir l'un sur l'autre, en alternance. Le danger serait d'oublier l'un des deux pôles pour de ne plus concevoir l'existence que sous un seul plan, que ce soit celui de l'Idéal et de l'Idée coupés du monde et de la vie, ou de l'Action coupée de sa source et de son sens.

De la mort de Dieu au désir du surhumain

> *Le fou sauta au milieu d'eux et les transperça du regard. « Où est allé Dieu ? s'écria-t-il, je veux vous le dire ! Nous l'avons tué, – vous et moi ! Nous tous, nous sommes ses assassins ! Mais comment avons-nous fait cela ? Comment avons-nous pu vider la*

mer ? Qui nous a donné l'éponge pour effacer l'ho-
rizon ? Qu'avons-nous fait lorsque nous avons
décroché cette terre de la chaîne de son soleil ?

NIETZSCHE, *Le Gai Savoir*

Ne me suis-je pas emporté ? N'ai-je pas parlé de mon vieil ami Goethe, hélas décédé depuis près de deux siècles, comme s'il était tout près, comme s'il pouvait nous parler, éveiller notre conscience, nous guider, faire en sorte que nous sachions un peu plus où nous allons et ce que nous pouvons attendre de la vie ? Quel anachronisme ! Nous devrions laisser les statues là où elles sont, dans les musées. Et ne les en sortir que pour leur vouer un culte en bonne et due forme, un culte stérile. D'ailleurs, j'y pense, tout cela n'est-il pas dépassé, complètement désuet ? Cette « quête » ?… Ce « désir de se réaliser » ?… Cette « puissance créatrice » qui nous habiterait ?… Cette « étincelle » ?… Ne sont-ce pas là des mots d'un autre temps, devenus ridicules et vains, à peine audibles ? *Nous, modernes,* n'avons-nous pas vidé la mer et effacé l'horizon, comme le crie l'insensé ? D'ailleurs, tous les « pourquoi » du monde ne se sont-ils pas changés, depuis que le bruit de la mort de Dieu s'est répandu, en un « tout est vain » ? Pourquoi en effet cherche-rait-on encore à se réaliser en accord et en harmonie avec ce que l'on est vraiment s'il n'y a plus de « pourquoi » ni de sens à chercher à l'existence, si celle-ci est vouée à l'absurde et au non-sens ? Pourquoi chercherait-on encore, dans un contexte où « tout se vaut », à agir et à œuvrer dans le but de nous réaliser pleinement et de nous dépasser, comme le voulait le vieux Goethe ? La question du « sens » peut-elle encore être posée ? *Nous, modernes,* n'avons-nous pas com-pris – enfin débarrassés de toutes ces vieilleries ! – qu'il n'y avait *rien* à espérer, *rien* à attendre de la vie ? Tout au plus pouvons-nous espérer « réussir » dans la vie… Oui, réussir ! Quant au pourquoi ou au sens de cette « réussite », ce sont des questions qu'il devrait être honteux de poser encore, qui relèvent soit de la superstition ou d'un romantisme attardé ! Les hommes, depuis des millénaires, n'ont-ils pas passé leur temps à s'illusionner sur eux-mêmes et sur le monde ?... Aujourd'hui, *nous, modernes,* savons à quoi nous en tenir ! N'est-ce pas ? Nous nous tenons bien informés, nous courons après notre petit bonheur, nous travaillons, et puis... Et puis c'est tout ! Il n'y a plus *rien* ! « Tout est vain, tout se vaut, tout déjà fut[15] ! » disait déjà le devin que nous croisons dans le *Zarathoustra* de Nietzsche, ce devin qui voyait fort bien l'époque qui venait : celle où le nihilisme, longtemps couvé par la civilisation occidentale, allait triompher.

Au-delà et en marge de toute analyse, le *Meister* de Goethe ne semblait pourtant pas vouloir nous dire autre chose que ceci : que tout a un sens, que tout est lié, que l'homme, en dépit de ses erreurs, mû par une force qui le dépasse, arrivera néanmoins à bon port, si tant est qu'il sache se mettre à l'écoute de cette puissance créatrice qui l'habite et qui le transcende en même temps. Sublime anachronisme ! Cette foi en l'homme et en la vie pourrait faire sourire plus d'un de ces esprits « critiques » et « éclairés », qui en sont revenus, comme on dit, à qui on n'en fait plus accroire. Pourtant, cette foi peut faire en sorte que la vie ne se résume pas à une longue stagnation pleine de ressentiment, d'impuissance et d'ennui. Plus qu'un sens critique, il faut une bonne dose de foi pour succomber à la tentation d'être soi. Pour avoir le courage d'être ce que l'on est, pleinement et souverainement, nous ne saurions nous passer d'une certaine témérité. Après tout, le « génie » n'est-il pas une sorte de grand naïf ? diront les savants et les spécialistes qui se seront penchés sur son « cas ». Quelle innocence au fond chez Jésus ! Et quelle présomption ! Et Michel-Ange,

---

15. F. Nietzsche, « Le Devin », dans *Ainsi parlait Zarathoustra,* trad. Maurice de Gandillac, Paris, Gallimard, 2003, p. 184.

n'était-il pas quelque peu autiste ? ajouteront les finassiers. Quant à Goethe ! Un enfant qui, à l'âge de quatre-vingts ans, se sent encore tout imprégné du Divin, qui le sent partout autour de lui et en lui… Quelle innocence ! Quelle folie ! Quelle naïveté !

Et pourtant… Et pourtant, peut-être est-ce à partir de cette intuition, de « cette cohérence de tout » que sent et exprime le héros des *Années d'apprentissage* que l'on peut se mettre à penser et que le monde lui-même devient pensable. Les premiers philosophes et les premiers scientifiques n'ont-ils pas d'ailleurs été des créateurs, bien plus poètes et hommes inspirés qu'esprits critiques ? Ne pourrait-on pas aussi dire qu'il y a des penseurs qui créent et d'autres, plus stériles, qui ordonnent et classent ce qui a déjà été pensé ? Mais pour qu'il y ait des pensées à classer, il faut qu'il y ait eu d'abord des créateurs et des artistes de la pensée.

Goethe, ce sage d'entre les sages, ce grand naïf, croyait qu'il y avait une analogie entre la divinité et la puissance créatrice qui est en nous. L'« acte éternel », en plus de nous porter, agissait selon lui en nous et autour de nous. Concilier idéalisme et *praxis,* mouvement et pensée, tel est le défi que nous lançait le *Meister* de Goethe. Tout imprégné encore du Divin, Goethe nous conviait à une vie active et créatrice qui eût été comme le prolongement de l'éternelle création. N'en déplaise au nihilisme ambiant, lequel prend parfois des accents triomphalistes, l'idée que l'homme puisse avoir quelque chose à réaliser ici-bas, et que ce « quelque chose » réponde à la nature de ce qu'il est, ne me semble nullement dépassée. Certes, le monde dans lequel nous vivons aujourd'hui n'a de cesse de nous divertir et de nous détourner de nous-mêmes, mais on peut aussi dire qu'il nous voue plus que jamais à nous-mêmes, nous rendant plus vulnérables et nous isolant toujours davantage. Bien sûr, cette vulnérabilité est très rarement avouée, encore moins pensée. On préférera généralement s'entourer de biens de consommation ou de prothèses issues des nouvelles technologies plutôt que de regarder du côté de ce qui fait défaut. On préférera se « connecter » et se « brancher » plutôt que d'affronter l'éclatement des repères traditionnels et la solitude qui l'accompagne. Quant aux dépressifs et aux suicidaires, nous avons pour eux des pilules et des hôpitaux ! Tous les appels à la « réussite » et au « dépassement de soi » que l'on entend n'ont hélas pas grand-chose à voir avec ce « soi » que l'on occulte plutôt – l'étalage contemporain du « moi » n'étant qu'une forme plus subtile de cette occultation de l'« être intérieur ». L'« être intime », l'« être intérieur », tout aussi bien manquant que désirant, est davantage occulté que sollicité de nos jours. Et si l'on fait profession de penser, on préférera se mettre la tête dans le sable, proclamer la fin de toutes les illusions, afficher un nihilisme souriant ou tragique plutôt que de chercher, en tâtonnant, à redonner un sens à l'existence humaine.

Néanmoins, la conscience de soi, même superficielle, existe toujours, peut-être même se répand-elle en se « démocratisant », fût-ce à travers tel ou tel choix que l'on fait et qui détermine notre existence, fût-ce à travers l'image de soi que l'on cherche à projeter. De moins en moins déterminés par leur milieu et par un système de valeurs rigide et contraignant, mes contemporains, jeunes ou moins jeunes – parfois *désespérément* « libres » –, peuvent aussi bien aller se soûler dans un bar, multiplier les « aventures » et perdre leur temps sur Internet que choisir de s'enfermer dans leur chambre pour y lire les œuvres de Rimbaud ou de Nietzsche. Ils peuvent, vaquant et errant – parfois maladivement et anxieusement indéterminés –, suivre tel courant ou telle mode plus ou moins stupide, s'accrocher à tout ce qui passe et chatoie, se prendre à défendre telle ou telle cause plus ou moins ridicule, mais rien ne les empêche a priori de chercher à inventer leur propre vie, solitairement et courageusement. Telles sont les grandeurs et les misères de notre temps, qui ne nous condamne pas à la médiocrité, mais qui, avouons-le, nous sollicite rarement dans un autre sens.

Est-il besoin de rappeler que c'est à cette deuxième option, plus difficile et plus courageuse, que le *Zarathoustra* de Nietzsche nous conviait : celle de l'autoengendrement, du dépassement de soi et de l'invention de son propre destin ? Car pourquoi Zarathoustra est-il venu parmi nous ? « En détourner beaucoup du troupeau, – c'est à cette fin que je suis venu. Que la foule et le troupeau soient en colère contre moi : ce que veut Zarathoustra, c'est que les bergers l'appellent brigand. » Et que cherche Zarathoustra ? « Des compagnons, voilà ce que cherche le créateur et non pas des cadavres et non pas des troupeaux et des croyants. Ceux qui créent avec lui c'est eux que le créateur cherche, ceux qui inscrivent des valeurs neuves sur des tables neuves[16]. »

Pour nous mettre en chemin, nous pourrions maintenant étudier cet autre itinéraire que propose le *Zarathoustra* de Nietzsche, lequel prend en compte l'effondrement généralisé de la transcendance dans un monde désormais menacé d'avoir à tout jamais « perdu le sens ».

*   *   *

Lorsque Nietzsche-Zarathoustra viendra annoncer la mort de Dieu, quelques-uns se boucheront les oreilles, et la plupart feront comme s'ils le savaient déjà depuis fort longtemps. En fait, Nietzsche-Zarathoustra vient annoncer la mort d'un Dieu déjà mort pour la plupart des hommes à qui il s'adresse. Ce sont ces hommes qui, ignorant Dieu, l'ont tué. Si Dieu « existait » avant qu'on ne le tue, cela pourrait bien être, comme le laisse entendre Zarathoustra dans le chapitre sur les « Compatissants », sa pitié pour ces hommes sans foi et sans nul désir de transcendance qui l'a tué. Lorsque Zarathoustra ira parmi eux, il cherchera à leur

---

16. F. Nietzsche, « Prologue de Zarathoustra », dans *Ainsi parlait Zarathoustra*, trad. G.-A. Goldschmidt, p. 32-33.

inculquer le mépris de ce qu'ils sont devenus. Ces « derniers hommes », comme il les appellera, se vantent d'avoir « inventé le bonheur ». Or, ce « bonheur », Zarathoustra dira qu'il n'est rien d'autre qu'un « misérable bien-être ». Ces hommes préfèrent « retourner à l'animal plutôt que de surmonter l'homme ». Ils préfèrent « être le reflux de cette grande marée » qui depuis toujours poussa les hommes à se dépasser et à « créer quelque chose au-delà d'eux-mêmes[17] ».

Car pour une large part, le défi que nous lançait un Goethe vieillissant à la veille de s'en aller n'aura pas été relevé. En cours de route, les hommes auront cessé de se rapporter à autre chose qu'à leur intérêt et à leur égoïsme pour justifier leur action au jour le jour. Nombreux sont ceux qui auront en outre perdu le rapport au Tout en se spécialisant toujours davantage. Rares sont ceux qui l'auront retrouvé en approfondissant leur singularité, comme le souhaitait Goethe. Certes, les hommes du XIXe et du XXe siècle des sociétés productivistes occidentales ne se seront pas détournés de la *vie active* – en cela ils auront plus que suivi les conseils de Goethe –, mais ils auront trop souvent oublié de lier cette vie active à l'*exercice de la pensée*. Des éclopés de la pensée et des spécialistes, voilà ce que nous sommes devenus, *nous, modernes* ! Et Zarathoustra de dire : « En vérité, je marche au milieu des hommes comme au milieu de fragments dispersés et de membres d'hommes. Voilà ce qui est le pire pour mon œil, trouver l'homme réduit en décombres et dispersé comme sur un champ de bataille ou dans un abattoir[18]. »

Si Nietzsche s'est attaqué à toutes les formes d'hypocrisie, s'il a dénoncé avec véhémence les puissances mortifiantes de la civilisation, il a aussi été celui qui, en particulier

17. *Ibid.*, p. 26, 22 et 21.

18. *Ibid.*, « De la rédemption », p. 168.

dans le *Zarathoustra,* son œuvre la plus affirmative, a cherché à redonner un sens à l'existence humaine. Zarathoustra cherchera à ramener « la vertu envolée à la terre – au corps et à la vie : pour qu'elle donne son sens à la terre, un sens humain[19] », cette vertu trop longtemps exilée dans les sphères célestes, au point où les hommes auront cessé de s'y référer. Aux hommes qui n'ont plus que leur petit bonheur et leur douce médiocrité où se vautrer, Zarathoustra enseignera le « grand mépris ». Il cherchera à éveiller en eux l'éclair du désir, le goût du surhumain. S'adressant à la foule dans le prologue, il lui enseignera que l'« homme est quelque chose qui doit être surmonté[20] », qu'il est un « pont » et non un « but ». Lorsqu'il visitera le « Pays de la culture » et qu'il y rencontrera ces hommes modernes, « réels, tout entiers sans foi, ni superstition », Zarathoustra se moquera d'eux et dira qu'ils sont plus irréels que tous ceux qui les ont précédés dans l'histoire. En fait, quoi qu'ils aient cru, les créateurs, nous dit Zarathoustra, ont toujours eu foi dans la foi : « Vous êtes stériles : c'est pourquoi la foi vous manque. Mais celui qui devait créer, celui-là avait toujours ses rêves de vérité et ses signes dans les étoiles, – et il avait foi dans la foi[21] ! »

N'en déplaise à tous ceux qui se seront servis de l'œuvre de Nietzsche pour proclamer la fin de toutes les illusions, de toutes les espérances, de toute transcendance, son *Zarathoustra* est avant tout une œuvre qui cherche à aller au-delà du nihilisme bien plus qu'elle ne l'accrédite. Rappelons-nous ici que ceux que Zarathoustra ne peut supporter, ce sont justement les « derniers hommes », c'est-à-dire *nous, modernes* ! La perspective de l'« éternel retour »

---

19. *Ibid.,* « De la vertu qui prodigue », p. 97.

20. *Ibid.,* « Prologue de Zarathoustra », p. 21.

21. *Ibid.,* « Le pays de la culture », p. 147.

de l'« homme petit » et de tout « ce qui est le plus petit[22] », voilà ce qui épouvante Zarathoustra ! Voilà ce qui l'étouffe et qui lui fera crier son dégoût ! Ce dégoût est son plus grand péril.

Bien sûr, « officiellement », Nietzsche récuse toute transcendance, annonce la mort de Dieu et démasque le nihilisme à l'œuvre dans toute l'histoire de la civilisation occidentale. Mais Zarathoustra est aussi celui qui enseigne le « surhumain » et le « grand mépris ». Il faut garder à l'esprit cette *tension* et le côté dialectique de l'œuvre qui président à l'écriture du *Zarathoustra*, entre la mort de Dieu et le désir de redonner un sens à l'existence humaine. Ce désir, quoi qu'on en pense, s'abreuve aussi – en partie du moins – à ce qu'il nie. Avant d'être « Nietzsche », le jeune Friedrich fut d'abord un lecteur très attentif et assidu de Platon (*Le Banquet* était l'œuvre favorite de l'adolescent) – et il lui arrivait même, jeune homme, de faire de grands serments à Dieu comme celui-ci : « J'ai pris la ferme décision de me consacrer à Son service. Que le Seigneur me donne la force nécessaire à mon dessein, qu'il me protège sur les chemins de la vie. Je me remets comme un fils à Sa grâce[23]. » Il est de nombreuses allusions ironiques à Platon dans le *Zarathoustra*, certes, mais il en est aussi d'honnêtes et d'authentiques, comme lorsque Zarathoustra parle de sa « volonté d'engendrement », volonté qui rappelle ce que dit Platon dans *Le Banquet* sur la « fécondité selon l'esprit » et le « désir d'engendrer ». Bref, le véritable ennemi de Zarathoustra, ce n'est pas tant Platon ni même le christianisme que le « devin » qui proclame que « tout est vain » et que « tout se vaut ». Le platonisme et le christianisme sont des pensées ennemies dans la mesure où elles peuvent conduire

---

22. *Ibid.*, « Le Convalescent », p. 264.

23. F. Nietzsche, « Autobiographies », dans *Premiers écrits*, trad. Jean-Louis Backès, Paris, Le Livre de poche, 2002, p. 50.

(et elles y ont conduit historiquement) à ce nihilisme, en dissociant toujours davantage la « vie » de son « sens » et en instaurant le dualisme.

Pourtant, l'idée de donner un sens à l'existence humaine n'a pas été évacuée. L'éclair du désir, qu'on pourrait aussi appeler l'« éclair de la transcendance », n'est jamais si loin qu'on le croit avec Nietzsche. Si Nietzsche-Zarathoustra refuse de s'en remettre à un Dieu transcendant pour justifier l'existence, cela ne veut pas dire que l'existence doive s'aplatir. Au contraire, le nombre de fois où Zarathoustra nous somme de nous dépasser et de tendre vers un but qui nous dépasse est incalculable. Au jeune homme qui désespère, seul sur la montagne, après s'être écarté du troupeau, Zarathoustra dira : « Mais sur mon amour et mon espoir je t'en conjure : ne regrette pas le héros qui est dans ton âme ! Que ton espoir le plus haut soit pour toi une chose sainte[24] ! ».

Le refus de recourir à un être transcendant, créateur de toutes choses, pourrait être compris comme une façon d'intérioriser la puissance créatrice que les hommes auraient d'abord mise en Dieu. « Ne sommes-nous pas forcés de devenir nous-mêmes des dieux pour du moins paraître dignes des dieux[25] ? » s'interrogera l'« insensé » après avoir fait le constat douloureux et angoissé que Dieu était mort et que nous l'avions tué. Et si Dieu est bel et bien mort comme l'annonce l'insensé, le prédécesseur de Zarathoustra, il n'y a pas lieu de faire une fête. Que l'on se soit libéré d'un joug, ou que l'on ait perdu la foi, cela n'intéresse pas Zarathoustra. Il veut savoir si, ayant choisi de « chercher le chemin qui mène à nous-mêmes », nous en sommes dignes et si, s'étant

---

24. F. Nietzsche, « De l'arbre sur la montagne », dans *Ainsi parlait Zarathoustra,* trad. G.-A. Goldschmidt, p. 60.

25. F. Nietzsche, *Le Gai Savoir,* dans *Œuvres,* tome II, Paris, Robert Laffont, p. 132.

libéré d'un joug, nous avons la force d'être à nous-mêmes notre propre loi et notre propre maître. Dans « De la voie du créateur », Zarathoustra demande : « Es-tu une force et un droit nouveau ? Un premier roulement ? Une roue roulant par elle-même ? Peux-tu aussi forcer les étoiles à graviter autour de toi ? » Et un peu plus loin : « Peux-tu te donner à toi-même ton bien et ton mal et suspendre ta volonté au-dessus de toi comme une loi ? Peux-tu être ton juge et le vengeur de ta loi[26] ? » Ces questions que pose Zarathoustra laissent entendre que l'homme, livré à lui-même, devra se réapproprier et intérioriser certains des attributs divins, telle la capacité de se donner sa propre loi, s'il ne veut pas sombrer dans le chaos ou alors se contenter de la loi du troupeau et d'un médiocre bien-être. D'une certaine manière, nous pourrions dire que la mort de Dieu ouvre la voie à la découverte en chacun de nous de la puissance créatrice, du « dieu » ou du « démon » qui l'habite. Avec la mort de Dieu, l'homme cesse cependant d'être garanti, et les voies du « salut » cessent d'être assurées, si jamais elles existent encore.

Zarathoustra voit dans cet effondrement une occasion de ramener « la vertu envolée à la terre – au corps et à la vie ». Ayant trop longtemps donné de la tête dans les choses célestes, les hommes et leurs prêtres auraient peu à peu perdu ce que Zarathoustra appelle « le sens de la terre[27] ». Ils auraient désespéré de la terre et du sens qu'il pourrait y avoir à vivre sur cette terre. Or, Zarathoustra veut remédier à cette dégradation et à l'insignifiance grandissante de la vie terrestre. En hypostasiant le « divin » et en l'exilant de la terre, les hommes l'ont rendu peu à peu inopérant, et ce, dans la vie de tous les jours. On se réclamait de Dieu sans

26. F. Nietzsche, « De la voie du créateur », dans *Ainsi parlait Zarathoustra*, trad. G.-A. Goldschmidt, p. 81-82.

27. *Ibid.*, « Des prêcheurs d'arrière-mondes », p. 48.

vraiment y croire. Dieu ne se faisait plus entendre dans le cœur de l'homme. Et pendant ce temps, la vie suivait son cours… Et il fallait bien gagner sa vie, comme on dit – quitte à accepter toutes les compromissions inimaginables. Les affaires, c'est les affaires! Quant à l'amour du prochain, on repassera! Et c'est ainsi que Dieu est devenu une sorte de coquille vide, un *mot* censé être la clé de voûte du Sens, mais dont on aurait perdu la clé… Puis la Science – qui a remplacé Dieu – n'a jamais retrouvé la clé!

Lorsque Zarathoustra se moque de Dieu et qu'il le foule aux pieds, c'est de « toutes ces doctrines de l'Un plein, immobile, rassasié et impérissable[28] » qu'il se moque. Ce Dieu fixé dans l'éternité du ciel étoilé n'a pas grand-chose à voir avec le Dieu cause agissante de tout ce qui est d'un Spinoza ou d'un Goethe : une Cause dont l'essence enveloppe l'existence. Mais si la mort du « Grand Créateur » peut être envisagée comme un défi à relever pour le créateur en puissance qu'est l'homme habité par son « démon », son « dieu » intérieur, il ne faudrait pas oublier que cette mort nous est d'abord présentée comme un drame dont il n'est pas sûr que l'homme se remette jamais. En mourant, Dieu a entraîné dans sa chute toutes les valeurs et la clé de voûte du sens, de l'exigence morale et du dépassement de soi. Dès lors, pourquoi se refuserait-on à aller chercher, à l'instar du « criminel blême », notre proie dans le monde? Et pourquoi chercherait-on encore à « engendrer une étoile qui danse » si tout s'est effondré et que « tout se vaut » ?

Bien sûr, Nietzsche aura en quelque sorte précipité cet effondrement. Il aura brisé quelques idoles, démasqué quelques sages, renversé quelques valeurs et ouvert les yeux à bien des gens… Mais il faut se rendre compte que la tâche critique de Nietzsche – dans le *Zarathoustra* plus que dans tout autre livre – est inséparable du désir qu'a le créateur de

---

28. *Ibid.*, « Sur les îles bienheureuses », p. 107.

renouveler le sens de l'existence humaine et de suivre son « dieu », l'appel du « surhumain ». Nietzsche-Zarathoustra constate d'abord la médiocrité ambiante ; il use ensuite de son marteau, tel un fils indigné et révolté, pour briser tout ce qui est vermoulu. En butte contre la médiocrité et l'aplatissement généralisés, il se révolte contre tout ce qui est imposture. Zarathoustra n'aime pas les hypocrites ni tous ceux qui se cachent derrière de beaux discours, car ils entretiennent ainsi, à leur manière, la médiocrité. Plus qu'un destructeur, Zarathoustra désire être un créateur. Il aspire à « la vertu qui prodigue » et nous presse de devenir à notre tour des créateurs. Menacé d'aplatissement, le monde, « qui a perdu le sens[29] », a besoin d'être recréé, investi d'un sens nouveau. Le vide laissé par la mort de Dieu peut nous faire redécouvrir, en même temps que notre vulnérabilité et une certaine absence de fondements, la puissance créatrice qui est en nous, tout comme la nécessité d'en user le plus possible. Développant une éthique du don, de l'authenticité et de la création qui prend en compte l'effondrement de la transcendance, Zarathoustra nous somme – à la mesure du drame qui se joue – de bander notre arc et de tendre à notre propre dépassement.

* * *

> En vérité, Zarathoustra avait un but, il jeta sa balle : maintenant, c'est vous, amis, qui êtes les héritiers de mon but, c'est à vous que je jette la balle d'or.
> Ce que j'aime par-dessus tout, amis, c'est vous voir jeter la balle d'or ! Et c'est ainsi que je m'attarde encore un peu sur terre, pardonnez-le-moi !
>
> NIETZSCHE, *Ainsi parlait Zarathoustra*

---

29. *Ibid.*, « De la vertu qui prodigue », p. 97.

Une « balle d'or » nous aura été lancée par-dessus l'abîme ouvert par la mort de Dieu. Saurons-nous l'attraper et la lancer à notre tour ? Qu'en ferons-nous ? Si le génie de Nietzsche a été de nous mettre sur le chemin de nous-mêmes (combien de créateurs en effet au XXe siècle auront été marqués par lui de façon décisive ?), son drame à lui aura été d'être voué à la plus terrible des solitudes. À la perte précoce du père succéda, avec l'éveil progressif de la conscience, le constat que le Père céleste aussi était mort – du moins pour la plupart des hommes. Zarathoustra est venu annoncer la nouvelle à des hommes qui, de toute évidence, n'en avaient que faire. Malgré tout, il aura parlé dans l'espoir d'en détourner beaucoup du troupeau. Le *Zarathoustra* de Nietzsche, par-delà tout enseignement, était une sorte d'« appel » lancé aux autres. Telle était sa trame narrative. Tout au long de ses pérégrinations, Zarathoustra aura cherché des « compagnons vivants », co-moissonneurs et co-créateurs qui eussent pu l'accompagner. Il ne les aura pas trouvés. Ses disciples ne furent hélas que des disciples, et non des co-créateurs. Parmi eux, il fut plus seul que lorsqu'on est seul : il se sentit « abandonné », seul à être ce qu'il était. La « vivante plantation de ses pensées[30] », il l'aura attendue jusqu'à la toute fin. Pour comprendre le drame et la souffrance de Zarathoustra, en même temps que son plus « grand désir », il faut être attentif à « l'impatient besoin qu'a le cep de vigne de vignerons[31] ». Les « hommes supérieurs », ce ne sont pas eux que Zarathoustra attend. Pour l'essentiel, ce sont des « ratés ». Leur « cri de détresse » est ce qui les rapproche de lui en même temps que ce qui les en éloigne. Si Zarathoustra est lui aussi « un infirme près de ce pont », il n'en aspire pas moins à son œuvre, et il rêve à ses enfants. Cette aspiration est ce qui le sauve du désespoir.

---

30. *Ibid.*, « De la félicité malgré soi », p. 194.
31. *Ibid.*, « Du grand désir », p. 269.

L'« anneau du retour » dont il rêve, ne seraient-ce pas ses enfants dont il attend la venue qui le lui donneront ? L'« éternité » dont il rêve, ne serait-ce pas celle de son retour, retour rendu possible par ses enfants héritiers de son but et de son espérance la plus haute ?

Mais la balle d'or peut-elle encore être lancée ? Après l'avoir effacé, pourra-t-on redessiner l'horizon ? Se souviendra-t-on qu'il y eut jadis un soleil autour duquel la terre tournait ? Qui sont ceux qui, aujourd'hui, voudront hériter de cette balle d'or et la lancer à leur tour ? Qui voudra engendrer une nouvelle étoile et être soi-même cette balle d'or lancée par-delà soi ? Qui, sinon tous ceux qui, tel un peuple dispersé, s'efforcent sur le chemin, tous ceux qui, bandant leur arc, ont entendu l'appel et ont cédé à l'impérieuse tentation : la tentation d'être soi ? Ainsi seulement, peu à peu, le peuple des solitaires pourra redessiner l'horizon et emplir la mer d'une eau nouvelle.

Retard, écart et au-delà…

Pourtant… il n'y a pas si longtemps… ici… au Québec, dans ce qui s'appelait encore le Canada français, la terre n'avait pas été détachée de son soleil. L'horizon métaphysique n'avait pas encore été effacé avec une éponge grossière et l'insensé eût dû patienter encore un peu avant de venir annoncer la mort de Dieu à ce petit peuple égaré en Amérique, resté français et catholique contre toute logique… « Tenu à l'écart de l'évolution universelle », « serré de près aux soutanes », ce « petit peuple », comme l'appelait paternellement et affectueusement le chanoine Lionel Groulx, son maître à penser des années 1930 et 1940, n'avait pas encore renié sa foi héritée de ses ancêtres français d'avant la Révolution.

Mais voilà, cette foi et tout l'édifice social et ecclésial qui la soutenait et la structurait devaient un jour céder… Puis s'effondrer… Comme si cela « allait de soi », comme si ce qui structurait moralement, spirituellement et socialement cette société, cette « foi » arc-boutée à son Église depuis des siècles, n'avait plus aucune raison d'être dans le monde d'aujourd'hui, car, enfin ! nous allions entrer de plain-pied dans la modernité, « être de notre temps », quitter les champs et ses arpents maudits, défroquer, forniquer et consommer comme tout le monde, c'est-à-dire comme de bons petits Américains moyens… Nous serions libres enfin de rechercher notre « bonheur », et non notre « salut », cette lubie inutile. Libres de devenir nous aussi ce « dernier homme », de le voir pulluler, se multiplier et s'ébaudir sur les rives du Saint-Laurent, comme partout ailleurs dans le monde occidental, faisant ses grillades sur le barbecue, tondant sa pelouse et écoutant plusieurs heures par jour son téléviseur !

Évidemment, ce grand « rattrapage historique » ne se résume pas à cette caricature du « dernier homme » devant son téléviseur, puisqu'il concerne tout aussi bien l'affirmation des libertés et des droits individuels, la différenciation des modes de vie, l'accès généralisé à l'éducation, l'amélioration des soins de santé et des conditions de travail, la reprise en main de l'économie par la majorité d'origine canadienne-française, le renforcement de la langue française comme langue d'usage public et, de façon plus générale, l'émancipation des individus. Le processus accéléré de modernisation de la société qu'a vécu le Québec à travers la Révolution tranquille (processus que la Grande Dépression des années 1930 a initié, quoique timidement, suivi par la Seconde Guerre mondiale et l'urbanisation grandissante) aura permis à un nombre croissant d'individus d'apparaître et de se dégager de l'emprise d'une société traditionnelle de plus en plus sclérosée. En cela, la Révolution tranquille s'avérait absolument nécessaire.

Néanmoins, l'image du « dernier homme » *québécois* rend compte de ce que nous pourrions appeler un « effondrement intérieur », un effondrement auquel ni l'accroisse-ment du PIB ni l'accession à l'indépendance ne sauraient remédier, puisqu'il n'est pas d'abord d'ordre social, éco-nomique ou politique, mais ontologique. Le ressort se serait en quelque sorte brisé, comme partout ailleurs en Occident, où le Dieu vivant agonise, détrôné par la Science et la Technique qui ont remplacé l'horizon métaphysique de l'homme par la prise en charge du monde matériel et son organisation rationnelle. L'aplatissement spirituel généra-lisé qui en résulte dépossède cet *homo quebecus* de tout au-delà personnel véritable, et c'est pourquoi il a lui aussi choisi, après tant d'autres, le « bonheur », que Zarathoustra nomme « votre médiocre bien-être ». Mais parfois, cet *homo quebecus* semble aussi regretter la puissance salvatrice du Dieu mort, surtout les intellectuels qui, il n'y a pas si longtemps, eussent été clercs ou officiants. Alors, comme tant d'intellectuels avant eux dans cet Occident sécularisé, ils se sont mis à chérir la nouvelle idole censée racheter toutes les misères personnelles et tous les destins tronqués : le Dieu-État.

Comme Nietzsche l'aura montré (dans ses écrits pos-thumes notamment), le développement de la méta-physique, son triomphe, puis, son effondrement, se confond avec l'histoire de l'Occident. Cette histoire, il la caractérise comme étant celle du nihilisme, c'est-à-dire du lent dépé-rissement de toutes les valeurs supérieures. Rattraper l'histoire, ce fut donc pour le Québec, sur le plan spirituel et philosophique, *vivre en accéléré le triomphe du nihilisme et l'effondrement des valeurs supérieures.* C'est par cet effondre-ment métaphysique, plus sûrement que par tout autre indi-cateur, que nous pouvons affirmer que le Québec est main-tenant bien de son temps et qu'il a rattrapé le temps perdu.

Et pourtant, cet effondrement était peut-être nécessaire, voire souhaitable, car avec le « dernier homme », comme l'enseigne Nietzsche, vient le « surhumain » ou, du moins, la possibilité pour l'individu se détachant des valeurs héritées de la tradition d'inventer sa vie selon une logique inédite, comme le héros de Goethe dans *Les Années d'apprentissage de Wilhelm Meister,* et d'expérimenter ce qu'il en est de son être propre, de sa logique, de son désir et de sa puissance créatrice, et ce, en dehors des schémas sociaux imposés par le groupe – lequel tire toujours son autorité et son pouvoir coercitif sur l'individu en se réclamant de ces « valeurs supérieures ». Avec l'effondrement des valeurs supérieures croît donc la possibilité pour les individus d'entendre cet appel : « Deviens qui tu es », et de céder à l'inquiétante tentation : la tentation d'être soi.

Nécessairement dérangeante pour le groupe quel qu'il soit, singulière, inédite (chaque « soi » est un soi *nouveau*), cette tentation est celle du sujet moderne dans ce qu'il a de meilleur, ce « meilleur » résidant dans la possibilité qu'il a, après avoir pesé les valeurs communes héritées, d'affirmer de nouvelles valeurs issues de son aspiration la plus profonde et la plus personnelle, et, s'il est créateur, de donner vie et *forme* à ces nouvelles valeurs : dans ses œuvres et dans ses actes. Cet effondrement peut donc être appréhendé, en tenant compte du potentiel créateur libéré chez ceux qui seront à la hauteur du drame qui se joue, comme une libération et une émancipation, même si le regard vide et satisfait du « dernier homme » demeure le péril le plus grand, le plus proche, le plus général et le plus visible de cet effondrement des valeurs supérieures, de la mort de Dieu et de la déliquescence de toute tradition substantielle qui en résulte.

Le vieux Canada français catholique, si retardataire et réfractaire à la modernité, aux États-Unis matérialistes comme à la France postrévolutionnaire impie, aurait donc finalement rejoint au pas de course dans les années 1960 et 1970 la marche générale de l'Histoire… Rarement toutefois aura-t-on vu une société se déspiritualiser aussi rapidement. En une seule génération, tout fut dit – ou plutôt rien, *rien d'essentiel,* et c'est ainsi que le *rien* triompha : le nihilisme, le confort, le bien-être, l'absence de sens, la culture du divertissement, de même que les psychotropes de toutes espèces pour soigner les lambeaux d'âmes malades qui s'attardent. Mais pour que tout s'effondrât, et ce, avec une telle rapidité, l'édifice spirituel qui structurait la société traditionnelle canadienne-française devait être quelque peu vermoulu, et l'adhésion intérieure des « croyants », somme toute précaire.

Cette libération par rapport à la société traditionnelle et à ses valeurs est donc, dans le cas du Québec, très récente à l'échelle de l'histoire quand on la compare au long processus de sécularisation et d'affirmation croissante des individus qu'a vécu l'Europe à partir de la Renaissance. Or, ce retard et cet ultime rattrapage ne font qu'accentuer la dualité du monde contemporain dans lequel nous vivons, où l'individu, en quête mais désorienté, ne peut plus s'en remettre à des principes supérieurs tout faits et doit chercher en lui-même son propre fondement et sa propre loi sous peine de s'aplatir complètement, puisque plus rien ne le soutient ou ne le redresse a priori comme le faisait autrefois la religion. Le vide laissé par la mort de Dieu est peut-être, de ce fait, plus grand ici, car il n'aura pas été apprivoisé de la même façon qu'ailleurs en Occident.

Mais ce *vide*, accentué par la disparition brutale de tout un monde de significations, pourrait aussi aiguiser notre esprit en faisant de nous des modernes légèrement archaïques et dubitatifs. Car la folie de la modernité n'est-elle pas, outre d'utiliser la tactique de la terre brûlée vis-à-vis de tout ce qui fut et de ne laisser dernière elle (dans sa marche forcée en avant) qu'un vague désert gris où gisent pêle-mêle les cendres de tous les « jadis », de tous les « hier » et de tous les « il fut », parmi lesquels se trouvent enterrés les trésors culturels de l'humanité ; outre cela (qui n'est pas rien), sa folie ne consiste-t-elle pas précisément, une fois débarrassée du passé, de priver l'homme moderne de tout avenir et de tout horizon, en lui collant le nez sur son petit bonheur du jour et son présent sans épaisseur ? L'homme moderne privé de tout ressort et au lendemain sans au-delà… L'individu subitement sorti des assemblées de croyants pour rentrer dans le rang de la culture de masse… Comment ces derniers pourraient-ils entendre l'appel et attraper la balle d'or que leur jeta jadis Zarathoustra pour qu'ils la lançassent à leur tour ? Comment pourraient-ils redessiner l'horizon, eux qui ont remplacé l'horizon par une multitude d'écrans plats où leur petit « moi » peut se mirer à satiété ?

Car être moderne ne suffit pas. Être de son temps est triste à mourir. Il faut être tout à la fois *en arrière* et *au-delà*. C'est pourquoi je préférerais quant à moi mettre de l'avant cette idée du moderne-archaïque qui, moqueur et souve-rain, resterait incrédule quand on lui déclarerait en se frap-pant dans les mains et en poussant de petits cris et glousse-ments qu'on a inventé le bonheur ; qui, l'œil étincelant, regarderait les étoiles en se souvenant qu'il y eut jadis un soleil autour duquel la terre tournait, et qui se demanderait si lui, avec tout le chaos qu'il porte encore en lui, pourrait « engendrer une étoile qui danse ».

Le moderne-archaïque canadien-français, fervent défenseur d'une autre modernité, celle d'hier et de demain, apprendrait ainsi peu à peu à séjourner dans le vide laissé par la mort de Dieu : tantôt il se souviendrait, et tantôt il prendrait son élan, bondirait et tisserait dans le ciel déserté par les dieux les constellations signifiantes de demain. Redessiner l'horizon, voilà la tâche qui s'offre à celui qui sera toujours en retard, mais dont le retard peut également le propulser en avant, comme jadis Borduas. Être un moderne-archaïque, dans notre monde contemporain, est une chose noble et rare. Nietzsche lui-même n'est-il pas l'archétype du moderne-archaïque, lui qui, ne lui en déplaise, traînait à sa suite les brouillards métaphysiques de son Allemagne profonde et mystérieuse, la foi ardente et personnelle de ses pères qui inventèrent la Réforme, et la soif d'absolu de ces jeunes hommes romantiques aux long cheveux blonds ou noirs : Hölderlin, Kleist, Novalis ? Sans cet archaïsme profond, Nietzsche eût été une sorte de positiviste ou d'Helvétius allemand. Mais Nietzsche était trop archaïque pour être aussi superficiel. Et c'est ainsi qu'il a pu lancer loin devant lui sa balle d'or. Saurons-nous l'attraper, *nous*, les modernes les plus récents et les plus neufs du monde occidental ?

L'utopie monastique

Il était une fois un Allemand, vivant en Suisse depuis 1912, qui avait honte d'être Allemand. Un jour, en 1927, une admiratrice de son œuvre (il était écrivain) vint cogner à sa porte. Elle lui écrivait depuis l'âge de quatorze ans ; elle en avait maintenant trente-deux. Ninon Dolbin, née Ausländer, originaire de la communauté juive de Tchernovtsy, allait devenir sa compagne, puis sa femme en 1931, et elle le resterait jusqu'à la fin de la vie de cet écrivain allemand décédé en 1962. Cet écrivain se considérait comme l'un des premiers exilés volontaires de sa patrie que la botte prussienne menaçait. En 1914, il était déjà devenu un traître à sa patrie en rejoignant le groupe très minoritaire des intellectuels allemands opposés à la guerre. Il avait alors publié une lettre ouverte dans le journal *Neue Zürcher Zeitung,* qui dénonçait la folie nationaliste qui sévissait tant à l'est qu'à l'ouest du Rhin. Toute la presse allemande ne manqua pas de l'accuser de trahison. Seule une courte lettre d'un ami lui parvint alors pour lui dire qu'il n'était pas seul : elle était signée de la main de Romain Rolland.

Il était une fois un Allemand qui avait honte d'être Allemand et qui, depuis l'arrivée au pouvoir de Hitler en 1933, s'était mis à craindre le pire pour l'avenir de la culture allemande, mais aussi pour l'avenir de l'humanité en général et de la civilisation occidentale. Peu après la Première Guerre mondiale, Valéry écrivit que nous savons dorénavant que les civilisations sont mortelles. Pendant la Seconde Guerre mondiale, cet écrivain allemand exilé en Suisse s'est sans doute dit que, cette fois, la fin de ce que nous avions pris l'habitude d'appeler « la culture et la civilisation occidentales » était peut-être arrivée. Comme bien des créateurs à l'époque, de ceux qui avaient un sens aigu de la culture et de la civilisation – les Valéry, Mann, Romain Rolland et autres aristocrates de l'esprit, tous grands Européens –, cet écrivain croyait que la culture occidentale était en crise. Une digue s'était rompue. Quelque chose s'était effondré. L'ivresse dionysiaque semblait s'être emparée des peuples que de petits ou grands führers excitaient, aidés en cela par une armée d'intellectuels plus ou moins dévoyés, que Julien Benda allait stigmatiser et pourfendre dans son essai *La Trahison des clercs*. Parmi toutes les choses brisées et blessées à la suite de la Première Guerre mondiale, Valéry écrira que « l'Esprit est en vérité cruellement atteint ; il se plaint dans le cœur des hommes de l'esprit et se juge tristement[1] ». L'esprit est humilié après cette guerre car il n'a pu empêcher cette boucherie. Pire, il l'a peut-être favorisée : tantôt, comme l'a montré Benda dans son essai, en attisant les haines et en exacerbant les passions politiques auxquelles il donnait sa caution morale, tantôt en mettant ses connaissances au service des puissants et de la destruction généralisée. Comme l'écrivait Valéry dans son essai *La Crise de l'esprit* : « Tant d'horreurs n'auraient pas été possibles sans tant de vertus. Il a fallu, sans doute, beaucoup de science pour tuer tant d'hommes, dissiper tant de biens, anéantir tant de villes en si peu de temps[2]. »

Le royaume problématique de l'esprit

C'est du sein de cette inquiétude, de cette honte et de la menace pour l'humanité et la culture que représentait le

---

1. Paul Valéry, « La crise de l'esprit », [1924], dans *Variété I et II*, Paris, Gallimard, 1998, p. 32.

2. *Ibid.*, p. 15.

déclenchement d'une seconde guerre mondiale que Hermann Hesse se mit à écrire ce livre étrange et paradoxal qu'est *Le Jeu des perles de verre*. Cette utopie pédagogique située quelque part au milieu du troisième millénaire est une véritable contre-proposition à l'époque des führers. Commencé en 1931, l'année de son mariage avec Ninon Dolbin, il acheva ce roman en avril 1942, au plus noir de la guerre, à une époque où il n'était pas dit que ce qui fait de l'humain un homme et de la société autre chose qu'une fourmilière survivrait. Bien entendu, les autorités nazies empêchèrent que le livre fût édité à Berlin. C'est donc dans une maison d'édition suisse qu'il parut pour la première fois en 1943. Je rappelle ici le contexte dans lequel ce roman utopique a été écrit parce qu'il est primordial de l'avoir à l'esprit pour comprendre l'origine de ce livre et la portée qu'a voulu lui donner Hesse. Il me semble évident qu'il a écrit ce livre, en partie du moins, pour sublimer le désespoir dans lequel son époque le plongeait. Castalie, la province pédagogique et le jeu des perles de verre sont nés des larmes que versèrent l'esprit et la conscience devant l'état des choses (une guerre qui coûta la vie à quelque quarante à soixante millions d'êtres humains, sans compter l'hécatombe de toutes les valeurs culturelles et spirituelles qui subsistaient encore). Je ne sais pas comment Hesse a réussi à écrire un livre aussi détaché, ironique et intemporel. Chose certaine, cela a dû lui coûter énormément. Combien de nuits d'insomnie a-t-il fallu pour que toutes ces larmes se changent en perles de verre ?

En créant cet univers utopique, cette patrie de clercs projetée dans un avenir plus ou moins bien défini, Hesse s'est libéré d'un présent grimaçant : il a présenté le royaume de l'esprit comme effectif et a relégué le présent maléfique dans un passé surmonté. En nous présentant cette image inversée du monde dans lequel il a écrit son livre (un monde qui semble être sur le point de s'effondrer sous le poids des bombes et les cris des führers), Hesse n'en continue pas moins de nous parler de cette société en train de s'autodétruire, alors même qu'il semble l'avoir quittée définitivement pour sa patrie de clercs vertueux et contemplatifs. En imaginant et en nous présentant ce qu'*est* Castalie, Hesse nous rappelle indirectement ce que le monde contemporain *n'est pas*. Le culte de l'esprit des Castaliens nous renvoie au culte de la force de la Bête blonde. La culture apollinienne et formaliste de la province pédagogique est l'envers de l'ivresse dionysiaque qui risque, à l'époque où Hesse écrit son livre, de submerger les peuples et leur culture. Cette dévotion totalement gratuite, désintéressée et respectueuse pour l'esprit, les études et le jeu des perles de verre a comme pendant, dans le monde dit réel, empirique, la « trahison des clercs », d'innombrables compromissions, tantôt avec les puissants de ce monde, tantôt avec la vérité, tantôt avec des intérêts égoïstes plus ou moins avouables.

Cette image inversée que nous présente Hesse dans *Le Jeu des perles de verre* n'a cependant rien d'idéal, ni pour nous qui lisons ce livre, ni pour son auteur, ni même pour le héros du roman. Le problème de Castalie, c'est que cette province pèche par l'excès inverse. Si dans un premier temps Castalie se veut une réponse à la « trahison des clercs » dont parle Julien Benda, qui eût comme effacé et racheté cette trahison en renouvelant le culte désintéressé de l'esprit, l'état dans lequel le narrateur nous la présente n'est guère enviable. Castalie est devenue stérile et sclérosée à force d'abstraction et de vie contemplative. La *vita contemplativa* et la *vita activa* ne communiquent plus. À terme, cela pourrait signifier la fin de Castalie, et peut-être le retour de la barbarie et de l'« Âge des guerres », sur les ruines duquel naquit la province pédagogique. Conscient de ce danger, craignant que l'histoire ne se répète, que l'Âge des guerres ne revienne, le héros de Hesse finira par contester de l'intérieur Castalie et sa politique de la tour d'ivoire. Après avoir exposé ses griefs dans une lettre circulaire qu'il présenta au Directoire et où il fit la demande qu'on le libérât de sa fonction pour aller enseigner dans « le monde » (permission qui lui fut refusée), Joseph Valet, le héros du *Jeu des perles de verre,* désertera cette province fermée sur elle-même pour devenir simple précepteur, dans « le siècle », préférant ainsi, après avoir assumé les plus hautes fonctions au sein de l'Ordre, s'adresser à un seul individu auquel il pourrait transmettre une exigence véritable de culture plutôt que de reproduire indéfiniment une institution qui semble s'éloigner de plus en plus de sa mission originelle, soit celle de garder l'esprit vivant et en transmettre le sens et l'exigence aux nouvelles générations.

Roman d'anticipation, utopie pessimiste contaminée par le roman d'apprentissage et l'essor de la conscience historique du héros de Hesse, ce livre soulève sans doute plus de questions qu'il n'en résout en s'évertuant à mettre en tension certaines notions. Équivoque, subtile, ambivalente, l'utopie de Hesse apporte à la crise de la culture occidentale que l'auteur avait déjà diagnostiquée dans *Le Loup des steppes* (1927) quelques pistes de solution en même temps qu'elle indique les pierres d'achoppement de toute institutionnalisation de la culture. Hesse revendique, dans une subtile dialectique que met en scène le parcours de son héros Joseph Valet, la liberté et l'indépendance de l'esprit en même temps que la nécessité d'incarner cet esprit et d'en transmettre l'exigence à des êtres de chair et d'os. Cette utopie de Hesse n'a donc rien d'un programme définitif, immuable et souhaitable. L'idéal castalien est hautement contesté, et ce, de l'intérieur même du roman. Le dysfonctionnement de Castalie prend une place de plus en plus importante à mesure que l'on progresse dans la lecture de l'œuvre. Toutefois, avant d'aborder le dysfonctionnement propre à ce royaume de l'esprit, il serait important d'en retracer l'origine telle que le narrateur historien du *Jeu des perles de verre* nous la raconte. D'où vient la Castalie imaginée par Hesse ? Quelle en est la fonction ? Quels en sont les fondements ? Enfin, quelle est la nature du « contrat » qui lie Castalie au « monde » et à la société ?

Pour expliquer l'origine de cette province pédagogique et du jeu des perles de verre, Hesse a imaginé donner la parole à un narrateur historien. Celui-ci commence sa chronique, dont le but est de faire la biographie de Joseph Valet (le personnage principal du roman, dont le nom allemand, Knecht, signifie « valet »), par une sorte d'introduction à l'histoire de l'Ordre et du jeu des perles de verre. Cette introduction nous apprend que l'Ordre et le jeu sont nés des efforts d'abord isolés puis de plus en plus concertés d'individus et de petits groupes pour sauvegarder la culture, la discipline de l'esprit et le respect du vrai. Ces efforts, le narrateur historien du futur nous incite à les considérer comme un vaste mouvement d'abord souterrain, puis de plus en plus généralisé de *résistance* à la décadence de l'Occident, laquelle aurait culminé au XXᵉ siècle – l'époque de l'écriture du roman de Hesse. Cette époque qui a vu la naissance de ces poches clandestines de résistance était aussi celle des « pages de variétés », qui provoquèrent « ce contre-courant d'ascétisme héroïque[3] » dont l'Ordre est l'héritier. La culture des « pages de variétés », le narrateur nous la présente comme une culture qui tourne à vide, qui produit du nouveau pour du nouveau et pour épater la galerie qui reste, par habitude, encore attachée à la culture, même si celle-ci a été vidée de son sens. Cette culture pour la galerie et les journaux n'a évidemment pas été en mesure d'empêcher les hommes de s'entretuer au XXᵉ siècle ni de calmer leur angoisse devant ces temps difficiles. Certains intellectuels, nous apprend l'historien, auraient même mis leur plume au service des idéologies meurtrières qui déchirèrent ce siècle… L'historien de Castalie désigne donc alternativement cette époque, le XXᵉ siècle, comme l'« Âge des pages de variétés » et l'« Âge des guerres ». Si Hermann Hesse quali-

---

3.   Hermann Hesse, *Le Jeu des perles de verre*, trad. Jacques Martin, Paris, Le Livre de poche, [1943] 2002, p. 75.

fiait la culture européenne de la première moitié du XXe siècle d'« Âge des pages de variétés », qu'aurait-il pensé de la culture d'aujourd'hui, avec ses « saveurs du mois », sa rumeur médiatique et son indigence essentielle ? N'aurait-il pas été obligé d'admettre que la situation s'était encore détériorée, déjouant ainsi ses prévisions utopiques, et ce, même si des poches de résistance peuvent en effet voir le jour et défendre une autre conception de la culture ? Mais cette *autre* conception de la culture est aujourd'hui plus que jamais vouée à la clandestinité.

Même s'il reste flou sur la façon dont l'Ordre a fini par être reconnu par la société et l'État, l'historien de Castalie laisse entendre que les hommes, après s'être entretués et avoir mis en péril les fondements de toute civilisation, en vinrent à reconnaître qu'ils avaient besoin d'une « nouvelle discipline de l'esprit » pour assurer le maintien de la civilisation. Corrélativement à cette revalorisation progressive du rôle des clercs (à la fois contemplatif et éducatif), le narrateur explique que le développement du jeu des perles de verre a, lui aussi, contribué pour une large part au triomphe de l'esprit après l'Âge des guerres. Ce jeu, en développant un langage universel pouvant faire communiquer toutes les disciplines entre elles (qu'il s'agisse de la philosophie, de la musique, des mathématiques, etc.), a permis aux diverses sciences, à la spéculation métaphysique et aux productions artistiques de trouver un terrain commun, harmonieux et équilibré. Les clercs de différents horizons ont donc pu s'unir par-delà leur spécialisation et leur nationalité dans un culte commun de l'esprit, qui est un en lui-même malgré la diversité du monde phénoménal. Le jeu est devenu le symbole de « l'Unio Mystica de tous les membres séparés de l'Universitas Litterarum ». Dans sa plus haute expression, il représente l'effort « pour se rapprocher de l'esprit qui, par-delà toutes les images et les pluralités, est un en lui-même, et par conséquent de Dieu[4] ». Par ce culte du logos universel qui a remplacé l'ancien Dieu des religions révélées, les Castaliens s'assurent d'un fondement semblable à celui que les anciennes religions monothéistes s'étaient donné ; seulement, ce fondement n'est pas révélé et ne procède pas de la foi ; c'est à l'esprit d'essayer de l'approcher, et ce, par le jeu des jeux. Par ce jeu mythique, Hesse a peut-être voulu imaginer un Dieu pour l'avenir de l'humanité qui ne procéderait pas de la révélation, mais dont le principe devrait être abordé par la contemplation et l'intellection ; qui pourrait donc s'accorder avec la liberté que revendique l'esprit humain une fois dégagé de l'adhésion aveugle et immédiate à la tradition.

L'Ordre qu'a imaginé Hermann Hesse, en plein Âge des pages de variétés, ressemble néanmoins beaucoup aux ordres monastiques du passé. En fait, il s'agit d'un nouvel ordre monastique. Par rapport à la société du futur, cet ordre castalien a deux tâches principales à remplir. L'une d'elle se rapproche beaucoup du rôle dévolu à la religion : les Castaliens entretiennent le culte de l'esprit et constituent une sorte de « réserve spirituelle » pour leur pays, comme les monastères d'autrefois. Cela dit, le rôle principal de la province pédagogique (véritable petit État dans l'État) est de former une élite de maîtres qui retourneront dans le « monde » pour y enseigner dans les écoles publiques. Si l'État subventionne la province pédagogique et les écoles des élites, l'Ordre, quant à lui, renvoie dans le monde la majorité des élèves qu'il forme. C'est là la base du contrat qui lie Castalie au « siècle ». De plus, ayant renoncé à la propriété privée, les membres de l'Ordre, tant ceux qui retournent enseigner dans le monde que ceux qui restent dans la province pédagogique, coûtent beaucoup moins cher à l'État que l'entretien des universités tel qu'on le connaissait

---

4. *Ibid.*, p. 92 et 95.

à l'époque des « pages de variétés ». Même si le lecteur reste confiné pendant presque tout le récit dans la province pédagogique de Castalie, on laisse entendre à quelques reprises qu'il y a une province pédagogique semblable dans de nombreux pays. Castalie n'est donc pas le centre du monde ; elle est un centre parmi d'autres et la réserve spirituelle de son pays.

Mais l'Ordre, rappelons-le, est d'abord et avant tout contemplatif. Il ne crée rien. Après avoir inventé le jeu des jeux, les Castaliens se sont voués à la *conservation* des valeurs spirituelles et à leur transmission. Ils ont fait de la discipline de l'esprit un culte si contraignant qu'aucune création ne peut plus émaner d'eux. Si Castalie représente le royaume de l'esprit, la patrie idéale de tous les clercs de ce monde, elle est aussi le symbole affligeant de l'esprit devenu vieux, stérile et institutionnalisé – du moins, à l'époque tardive de son évolution que le roman nous présente.

*   *   *

À lire cette utopie, on serait en droit de se demander si cette *fiction* n'est pas essentiellement réactionnaire, conservatrice et passéiste. Les maîtres mots de cet Ordre ne sont-ils pas la « résistance », la « conservation », la « sauvegarde » et la « discipline » ? Hermann Hesse, après avoir enseigné dans la plupart de ses livres à chercher et à suivre notre *daimôn* intérieur, après avoir mis en scène une pléiade de personnages déviants refusant les autorités établies, se serait-il recyclé dans la louange de l'ordre et de la discipline intellectuelle ? Certes, il y a un peu de cette réaction à l'origine de Castalie. Certes, il y a une bonne dose de conservatisme dans ce monde éthéré qu'il projette dans un futur improbable d'où la femme, notamment, est absente. Certes, cet Ordre rappelle parfois davantage le Moyen Âge que la société du futur que ce roman d'anticipation se déroulant quelque part au milieu du troisième millénaire serait censé évoquer. (D'ailleurs, le projet originel de Hesse était de situer son roman dans le passé. Mais, comme il le confiera un jour dans une lettre adressée à Rudolf Pannwitz[5], il lui fallut, pour conjurer plus efficacement la face grimaçante du temps présent, situer son royaume de l'esprit dans l'avenir.) Or, avant de condamner irrémédiablement l'utopie monastique de Hesse (utopie qu'il prendra lui-même la peine de remettre en question), il ne faut pas oublier ce à quoi il s'oppose au moment où il écrit son livre. Conservateur ? Oui ! Pour l'occasion, Hesse le sera avec passion, quoique avec une certaine auto-ironie. L'Ordre castalien est l'envers du chaos qui se déchaîne et menace l'avenir au moment où il l'invente. À l'ivresse dionysiaque Hermann Hesse tentera d'opposer une image apollinienne de la culture. Cette image est imparfaite, et je crois que Hesse en est conscient, mais je crois aussi qu'il a ressenti le besoin de l'évoquer ne serait-ce que pour contrebalancer la pulsion autodestructrice qui semble animer plusieurs de ses contemporains et certains régimes faisant l'éloge de l'ivresse guerrière.

Cela dit, et en dépit de la sclérose qui guette l'esprit castalien, Hesse n'aurait pas écrit ce livre s'il n'avait vu dans cette utopie monastique qu'une simple contre-proposition dépourvue d'intérêt. Cette fable, malgré tous ses défauts et dysfonctionnements, malgré son conservatisme, n'en demeure pas moins révélatrice de tout un pan de la culture et de la civilisation – un pan qui est plus menacé que jamais à l'époque où Hesse écrit son livre. Si cette fable avait été située dans le passé, au Moyen Âge par exemple, elle serait sans doute beaucoup moins dérangeante ; mais elle ferait beaucoup moins penser également. En la plaçant dans ce futur éloigné, Hesse « problématise » la culture et la place des

---

5. Lettre citée par Edouard Sans, « Avant-propos », dans H. Hesse, *Le Jeu des perles de verre*, p. 21.

intellectuels dans la société. Il ne se contente pas de nous raconter ce qui a été à telle ou telle époque ; il imagine ce qui *pourrait* être et nous oblige du même coup à nous positionner, à nous questionner. En inventant Castalie, Hesse a donné libre cours à un ensemble de valeurs passées de mode ou battues en brèche. Par son utopie, il est arrivé à évoquer tout ce qui peut paraître rébarbatif à première vue dans la culture : la « discipline », la « contemplation », l'« éducation », le « respect ». Il faut avouer qu'il s'agit là d'un austère parti pris… Il est bien plus exaltant d'entendre parler de ces génies créateurs qui ont traversé les siècles et révolutionné les formes et les façons de penser que de cet Ordre essentiellement contemplatif et impersonnel. Cependant, nous pouvons nous demander si ces génies créateurs auraient pu exister s'ils n'avaient d'abord intériorisé le sens de la Loi et de ce qui les dépasse, quitte à vouloir se dépasser eux-mêmes après coup ou contester les valeurs qu'on aura voulu leur transmettre pour en créer de nouvelles. Le clerc, dans sa version la plus contemplative, affirme : « Mon royaume n'est pas de ce monde ! » Or, le créateur peut à juste titre refuser cette éternelle contemplation des essences tout comme les valeurs établies qui s'y rattachent ; cela dit, en créant, que fait-il d'autre que de témoigner à sa manière d'un « autre monde », d'une « autre réalité », essentiellement symbolique, dont le propre est de s'adresser à l'esprit ?

Hermann Hesse a emprunté le nom de la « province pédagogique » au *Meister* de Goethe. Dans cette province que Goethe évoque dans *Les Années de pèlerinage,* et qui forme tantôt des musiciens, tantôt des artistes, tantôt des architectes, on apprend qu'« il est un sentiment que l'homme n'apporte pas en venant au monde, et, néanmoins, c'est celui qui est essentiel pour que l'homme soit homme à tous égards[6] ». Ce sentiment, Goethe nous dit que c'est le

---

6.   J. W. Goethe, *Les Années de pèlerinage de Wilhelm Meister,* p. 220.

« respect ». L'homme apporte avec lui d'innombrables facultés qui parfois se développent mieux par elles-mêmes qu'au sein d'une institution ; cependant, ce sentiment de respect, il ne l'a pas en venant au monde. Jusqu'à un certain point, l'éducation consiste à l'inculquer à l'enfant pour qu'il apprenne à sortir de lui-même, à reconnaître qu'il n'est pas tout et qu'il ne peut pas céder éternellement à tous ses caprices s'il veut être un homme parmi les hommes et comprendre leur langage. Il existe bien une éducation au second degré qui consiste à retrouver le *dieu*, le *daimôn* qui sommeille en nous. Cela, Goethe, Nietzsche et Hesse nous l'ont enseigné. Mais cette éducation au second degré aurait-elle un sens sans cette première sortie hors de soi qui brise la chrysalide et le narcissisme du moi ?

Par ce mythe d'un nouvel ordre enseignant et contemplatif, Hesse réaffirme que la base de toute civilisation se trouve dans la transmission et l'éducation. Les êtres d'exception peuvent créer des œuvres géniales, mais ces œuvres ne suffisent pas pour éduquer l'ensemble d'une société ni pour garantir le niveau moyen d'élévation ou d'abaissement d'une civilisation. Rappelons-nous que Hesse a à l'esprit la barbarie dans laquelle sombre son temps. Les œuvres de Goethe et de Schiller, comme chacun le sait, n'ont pas empêché Hitler de prendre le pouvoir – ce qui ne rend pas la poésie caduque, comme le pensent certains, mais nous oblige à nous questionner. Nietzsche, qui avait beaucoup réfléchi aux fondements, à l'essor et à la déchéance des civilisations, écrivait dans *Le Crépuscule des idoles* ceci, qui semble corroborer l'opinion de Hesse : « Les éducateurs *manquent,* abstraction faite des exceptions des exceptions, eux qui sont la condition *première* de l'éducation : *de là* l'abaissement de la civilisation allemande[7]. »

---

7. F. Nietzsche, *Le Crépuscule des idoles,* dans *Œuvres*, tome II, Paris, Robert Laffont, p. 988.

Certes, si on lit en entier l'aphorisme dont cette citation est extraite, on se rend compte que Nietzsche défend ici une conception *aristocratique* de la culture et de l'éducation. N'empêche, cette conception aristocratique de la culture, que reprendra Hesse dans *Le Jeu des perles de verre*, est aussi celle qui, comme chez Nietzsche, s'oppose à ce que le but de l'éducation et de la culture soit l'Empire, l'État ou les puissances du jour, plutôt que l'essor de l'esprit – essor qui ne rime pas non plus, ou pas nécessairement, avec le choix d'une « carrière » qui profiterait le plus *rapidement* possible à l'ensemble de la société. Au fond, avec toutes ces valeurs « démodées » que Hesse évoque par le biais de Castalie, nous pourrions nous demander si, plutôt qu'un roman futuriste, l'auteur n'aurait pas écrit un roman « primitiviste », qui nous parlerait bien plus des fondements de toute civilisation que de la civilisation du futur. Ces fondements, Hesse a peut-être cru bon de les rappeler lorsqu'il publia son livre en 1943, dans une Europe à feu et à sang.

* * *

Par ailleurs, et je l'ai déjà souligné, il ne faudrait pas tomber dans l'excès inverse et croire, parce que cette utopie présente une image inversée de la barbarie qui sévit en Europe, que cette Castalie soit elle-même idéale, tant s'en faut ! Si Hesse avait écrit une utopie traditionnelle, il en serait resté à cette image inversée de la barbarie sans chercher plus qu'il ne faut à « problématiser » son royaume de l'esprit. Or, le personnage principal de ce livre (qui est aussi un long roman d'apprentissage, comme le *Meister* de Goethe) finira par contester Castalie et la déserter. Cette logique du roman d'apprentissage centré sur l'éveil d'*un* individu fera éclater ce royaume de l'esprit où chacun doit s'abolir dans la contemplation des valeurs éternelles et prendre une place anonyme dans l'Ordre castalien. À la critique interne de l'Ordre, il faudrait ajouter ce désir qu'en vient à éprouver Valet de se réaliser et de se concevoir non plus seulement en tant que membre de l'Ordre, mais « en tant qu'individu[8] » ayant un cheminement, une histoire et un désir de réalisation personnels. La stérilité de cet Ordre qui ne se nourrit que d'abstractions finira par déplaire au héros du roman : il préférera à la fin du récit s'enfuir de la province pédagogique pour devenir le précepteur d'un jeune laïc qui, espère-t-il, saura à son contact réunir en sa personne le meilleur de Castalie, le culte de l'esprit, et la vitalité du « siècle ».

Si Castalie évoque les fondements de toute civilisation, elle les évoque dans un état de vieillissement avancé qui fait craindre à Joseph Valet le retour de l'Âge des guerres. Fondamentalement, il reproche à Castalie sa politique de la tour d'ivoire ; il croit qu'elle ne prend pas assez au sérieux sa tâche la plus noble, qui est de fournir des éducateurs aux écoles séculières. Il reproche aussi aux Castaliens (et non à ceux qui retournent enseigner dans le « monde ») leur superbe et leur mépris pour le « siècle ». L'ignorance du monde et de l'histoire que cultivent les élites de la province pédagogique renvoie dos à dos le monde et Castalie. Designori, ancien auditeur libre de la province pédagogique, résume bien le problème lorsqu'il constate « à quel point Castalie s'est éloignée de sa mère patrie ou, si l'on veut, l'inverse : à quel point notre pays est devenu infidèle à la plus noble de ses provinces et à son esprit, à quel point chez nous le corps et l'âme, l'idéal et la réalité divergent, à quel point ils s'ignorent et veulent s'ignorer ». Cette ignorance mutuelle, Designori et Valet auraient bien voulu la combattre. Et lorsque Valet, dans l'exercice de son Magister, enseignait aux Castaliens de l'école des élites : « Nous ne devons ni fuir de

---

8.　H. Hesse, *Le Jeu des perles de verre,* p. 518. L'expression est la même que celle déjà citée dans J. W. Goethe et Johann Peter Eckermann, *Conversations de Goethe avec Eckermann,* trad. Jean Chuzeville, Paris, Gallimard, 2001, p. 191.

la *vita activa* dans la *vita contemplativa,* ni inversement, mais faire alternativement route vers l'une ou vers l'autre, être chez nous dans chacune d'elles et participer à toutes deux[9] », que faisait-il sinon essayer de lutter contre cette séparation du corps et de l'esprit – véritable plaie de ce royaume de l'esprit ? Mais cette plaie, peut-être aussi est-ce celle de tout l'Occident depuis Platon : une plaie dont il tire sa puissance et sa démesure, mais qui l'amène parfois également à marcher au bord du gouffre et à y sombrer.

Hermann Hesse, dans son utopie, ne se contente donc pas d'affirmer la valeur de la contemplation et du culte désintéressé de l'esprit ; il en fait aussi la critique. Cette utopie est beaucoup plus dialectique qu'il n'y paraît de prime abord. L'esprit totalement désintéressé, coupé du monde, de l'histoire et du corps est un esprit qui tourne à vide, qui ne peut plus rien créer et qui, à terme, ne pourra même plus servir de garde-fou au corps et à ses pulsions parce qu'il se sera désintéressé de lui. Critiquant une vision de la culture qui se voudrait par trop abstraite, Joseph Valet prendra peu à peu conscience du fait que les plus belles créations et les plus belles œuvres de l'esprit ne sauraient « exister sans la matière et le dynamisme de ce monde de péché, fait d'égoïsme et de vie instinctive, et que même des créations aussi sublimes que celle de son Ordre sont nées de ces flots troubles et y seront de nouveau englouties quelque jour ». Dans la même veine, il enseignera à son ami que « tout ce que nous appelons un acte de l'esprit, ou une œuvre d'art, ou une objectivation spirituelle, sont les résultats finals, les ultimes bilans d'une lutte pour la pureté et la liberté ». Là où Castalie pèche, c'est en ignorant ce *combat* qui précède toute création de l'esprit et sans lequel elle n'aurait même pas pu voir le jour. En se plaçant d'emblée et incondition-nellement « dans cette sphère transcendante de l'intempo-

---

9. *Ibid.,* p. 397 et 325.

rel et de la non-violence[10] », Castalie prépare peut-être, sans le savoir, sa ruine et le retour de l'Âge des guerres. Comment ? En exilant dans les sphères transcendantales la vertu et le sens éthique qui redeviendront un jour inaccessibles.

À coups redoublés d'universalisme abstrait, Castalie ouvre peut-être la voie au retour des passions les plus triviales. Le triomphe du rationalisme abstrait dans la civilisation occidentale n'est sans doute pas étranger aux flots de passions meurtrières qui déferlèrent pendant tout le XXe siècle – comme s'il n'y avait plus eu de garde-fou, ni religion ni morale incarnées, pour éduquer les « chiens sauvages », les « mauvais instincts » et les « croupissures[11] » dont parle Nietzsche dans le *Zarathoustra*. Lorsque Castalie se sera complètement coupée du monde, le monde ne voudra plus d'elle. Elle mourra et laissera le monde abandonné à lui-même, comme privé de sens. Julien Benda a beau accuser Nietzsche, dans son essai *La Trahison des clercs,* d'avoir trahi l'idéal, il faudrait se rappeler que Nietzsche est aussi celui qui a essayé, avant qu'il soit trop tard, de ramener « la vertu envolée à la terre – au corps et à la vie : pour qu'elle donne son sens à la terre, un sens humain[12] ». On pourrait maintenant se demander si l'attitude contraire (la fuite dans l'intemporel, l'universalisme abstrait, la raison pure) n'est pas tout aussi dangereuse pour l'humanité en général et le maintien d'une civilisation équilibrée. Car la « trahison des clercs » est à double tranchant : elle peut s'exercer aux dépens des valeurs rattachées au culte de l'esprit, mais elle peut aussi engendrer une désaffection générale à l'égard de ces valeurs en n'en présentant qu'une version desséchée et désincarnée.

10. *Ibid.,* p. 361 et 374-375.

11. F. Nietzsche, « De l'arbre sur la montagne », dans *Ainsi parlait Zarathoustra,* trad. G.-A. Goldschmidt, p. 59.

12. *Ibid.,* « De la vertu qui prodigue », p. 97.

En créant son royaume de l'esprit, sa république des clercs, Hermann Hesse a certainement voulu s'opposer dans un premier temps au flot dionysiaque dans lequel l'humanité semblait prête à s'engouffrer. Cette Castalie lui a aussi permis de dénoncer tous ces intellectuels qui avaient trahi le respect du vrai et le culte de l'esprit pour servir des idéologies meurtrières au XXe siècle. Voyant le monde au bord du chaos, armé d'une bonne dose de conservatisme, Hesse a voulu rappeler les fondements de toute civilisation. Mais il a aussi souligné que ces fondements peuvent devenir vieux et ainsi perdre leur pertinence. En renvoyant dos à dos Castalie et le « monde », en faisant de son personnage principal le lieu de la conscience de cette séparation, peut-être a-t-il aussi cherché à démontrer qu'il n'y avait pas qu'une seule façon de trahir l'esprit. On peut trahir l'esprit en se faisant bête, mais on peut aussi le trahir en voulant faire de l'homme un ange complètement désincarné. À la fin de son récit, Hesse fait sortir son héros du royaume de l'esprit. Malheureusement pour lui, son séjour dans le « monde » sera de courte durée. Il périra gelé dans les eaux d'un lac. Peut-être s'était-il trop longtemps protégé de la vie pour pouvoir encore vivre dans ce monde…

Pendant ce temps, le « peuple élu »…

Alors que l'Europe vivait la guerre la plus meurtrière de son histoire ; que la civilisation européenne traversait peut-être sa pire crise culturelle, spirituelle et morale depuis la chute de l'Empire romain ; que les rares intellectuels se situant encore « au-dessus de la mêlée » des passions nationales se demandaient si ce n'était pas la fin de cette civilisation qui avait produit tant de grands Européens – pendant ce temps, le peuple canadien-français, dépositaire autoproclamé de la foi catholique, apostolique et romaine en Amérique du Nord, continuait l'œuvre de tant d'exaltés qui façonnèrent son histoire (du Sieur de Maisonneuve aux innombrables jésuites qui explorèrent le continent et prêchèrent les nations indiennes, de Marguerite Bourgeois aux dizaines de milliers de sœurs hospitalières et de frères enseignants anonymes) en envoyant des missionnaires canadiens-français de par le monde, en remplissant plus que jamais le Grand Séminaire de Québec de nouvelles recrues et en fournissant à l'Église les énormes contingents de petits soldats et de petites soldates dévoués dont elle avait besoin pour s'occuper des écoles, des collèges, des hôpitaux et de toutes les « bonnes œuvres » sous sa responsabilité.

Pendant ce temps – alors que Hermann Hesse rêvait d'un nouvel ordre monastique et enseignant qui pût relever la culture et les valeurs spirituelles occidentales de leur déchéance –, séminaires, couvents, monastères et abbayes se portaient donc très bien au Canada français et ne semblaient pas vouloir désemplir, un peu comme si le Moyen Âge s'était perpétué sous cette forme jusqu'au milieu du xxe siècle en ces contrées pourtant voisines des États-Unis d'Amérique. L'anachronisme aurait peut-être fait sourire Hermann Hesse au milieu de ses larmes et des nouvelles du front… Mais peut-être aussi eût-il pensé que cet *anachronisme* – ce temps resté en arrière de la marche de l'Histoire – n'était pas dépourvu de sens et d'une certaine grandeur que l'« Âge des pages de variétés », si frivole et vain, si superficiel et foncièrement décadent, eût été bien mal venu de condamner péremptoirement ; car cette morgue archaïque, cette foi moyenâgeuse et eschatologique, cette noblesse de l'âme, cette discipline, ce respect pour l'Esprit saint, cette abnégation et ce dévouement de tant d'êtres, quoique vieillis et figés dans le temps par des institutions et une Église difficilement capables de s'adapter aux exigences de la modernité et à l'essor des individus, n'en demeuraient pas moins substantiels.

Bien sûr, l'Histoire allait finir par rattraper ce « peuple élu » égaré en Amérique du Nord, resté pour une large part *en arrière,* en dehors du temps historique et des nouvelles « conceptions du monde » héritées de la Renaissance, de la Révolution française et de la révolution industrielle. L'anachronisme aurait une fin ! Après les « étrangers » (dixit Mgr Félix-Antoine Savard) sont venus les postes de radio, les électroménagers, les automobiles, les téléviseurs et la pilule anticonceptionnelle ; puis, les « vocations » et les recrues devinrent de plus en plus rares, et plusieurs quittèrent les ordres pour rentrer dans le « monde », comme le jésuite Rodolphe Dubé, François Hertel de son nom de plume, intellectuel et écrivain qui annonçait cette période de sécularisation accélérée des institutions et des personnes que connaîtrait le Québec avec la Révolution tranquille – cette « révolution » qui, d'un point de vue philosophique et spirituel, allait consacrer l'effondrement d'une « représentation du monde » trouvant son centre, son origine et sa destination en « Dieu ».

Pressentant peut-être, consciemment ou non, cet essoufflement d'une « représentation du monde » arc-boutée au Dieu de la religion révélée, soucieux de donner un souffle nouveau aux ordres ecclésiastiques et de les régénérer en accordant une plus grande place à la « personne humaine », François Hertel avait d'ailleurs publié, en 1942 (quelques mois avant la parution du *Jeu des perles de verre*), *Pour un ordre personnaliste,* un ouvrage inspiré du personnalisme d'Emmanuel Mounier et du néo-thomisme de Jacques Maritain. Mais cette volonté de régénérer de l'intérieur l'Église, sa vision de la société, son interprétation du monde et la place qu'elle accorde à la « personne humaine » dans ses rangs venait un peu tard. L'Histoire, cette autre grande faucheuse, allait être impitoyable, et le peuple élu de la Nouvelle Alliance en Amérique du Nord allait bientôt perdre sa foi… Celui-ci n'aurait donc pas le temps de fonder un « ordre personnaliste » capable de régénérer l'humanité… Hertel lui-même quitterait peu après les ordres, renierait sa foi et s'exilerait à Paris en 1949.

Cet anachronisme métaphysico-spirituel ne pouvait évidemment pas durer éternellement au milieu des klaxons, de la rumeur des postes de radio, du cinéma américain, du roulement des machines et de la fumée des cheminées industrielles. Mais ce retard, avec toutes les limites qu'il comportait quant à l'émancipation des individus et au développement d'une société moderne, ouverte et prospère, n'était pourtant pas sans valeur, comme le Moyen Âge qui a inspiré Hermann Hesse pour écrire son utopie monastique n'était pas dépourvu de grandeur. Cette « grandeur », cette « valeur », tant culturelle que spirituelle et humaine, Jean Éthier-Blais aura tenté, bien après qu'elle se fût effondrée, de la restituer d'une façon très personnelle en écrivant ses mémoires d'adolescent, *Le Seuil des vingt ans,* publiés en 1992. Ces mémoires retracent avec beaucoup de finesse ses années passées au collège jésuite de Sudbury, où il fit son cours classique. Entre les amitiés qui se nouent, les lectures, le sport, les études obligatoires, le théâtre et les découvertes musicales, Éthier-Blais évoque avec admiration et amour les maîtres qui l'auront le plus marqué, dont chacun représentait « un pic de civilisation ». Il se souvient du collège où chacun « avait sa place » comme d'une « famille rêvée », vouée à faire de soi « un homme, cet idéal de toute éducation jésuite ». L'atmosphère, quoique studieuse, était loin d'être lugubre : « L'un de mes souvenirs les plus marquants de ma vie de collégien, écrit-il, c'est la présence quasi ininterrompue, jusque dans la chapelle, du rire. Nous éclations à propos de tout et de rien. Hertel disait : "La rate ! La rate[13] !" » Puis, nous découvrons en lisant aujourd'hui ce livre « consacré à l'amour » de ses maîtres (à l'ère des « technologies de l'information » et de la « démocratisation de l'éducation », comme disent les journaux) que ce monde

---

13. Jean Éthier-Blais, *Le Seuil des vingt ans,* Montréal, Leméac, 1992, p. 49.

d'hier, aussi fermé fût-il, initiait de façon substantielle le jeune homme à la culture et à la civilisation occidentales (même s'il y avait des restrictions importantes dans le choix des œuvres) tout en lui donnant une assise intérieure et une discipline d'attention – ce qui n'est tout de même pas rien lorsqu'on parle d'éduquer un être humain capable un jour de se tenir debout par lui-même, de parler, de penser et d'agir. Évidemment, le jeune homme de vingt ans qui sortirait d'un tel cours aujourd'hui aurait bien de la difficulté à s'adapter à la société contemporaine et au monde du travail. Mais cette « difficulté d'adaptation » pourrait tout aussi bien révéler la valeur de sa formation que ses éventuelles lacunes… Mais bon, si après onze ans de scolarité obligatoire le système d'enseignement actuel produit toujours des illettrés en grand nombre, c'est que tout va bien et que *nous, modernes,* savons maintenant former les jeunes esprits…

Dans *Les Pays étrangers,* un autre très beau livre publié en 1982 – un roman cette fois –, Jean Éthier-Blais aura cependant révélé l'une des faiblesses les plus importantes de ces ordres (qu'il admire par ailleurs) à travers la figure de Germain Laval, qui est en fait nul autre que l'avatar romanesque de François Hertel (ce jésuite hors normes, poète et écrivain célèbre à l'époque, adulé de ses étudiants de Brébeuf, suscitant de ce fait quelques jalousies parmi ses confrères, dérangeant un peu trop à Montréal par son enseignement et ses écrits, envoyé pour cette raison au collège de Sudbury, menacé par ses supérieurs d'être expédié encore plus loin, dans une mission en Arkansas, puis, prêtre défroqué et exilé à Paris). Cette faiblesse – qui tient au caractère prémoderne de ces institutions – réside donc dans la difficulté, confinant parfois à l'impossibilité, pour une personnalité forte et créatrice de se développer pleinement à l'intérieur d'un tel ordre, un ordre qui le précède et le pétrit, qui a toute autorité sur lui et dans lequel il devrait prendre sa place. Mais parfois, surtout pour les individus les plus créateurs, il n'y a pas de place déjà existante qui puisse convenir :

cette place, ils doivent l'inventer, sous peine d'amputer leur personnalité et son tranchant. Même si cela était risqué, Hertel préféra passer de l'autre côté, quitter les ordres pour découvrir le « pays étranger » qu'il portait en lui et qu'aucune institution n'aurait pu lui révéler parce qu'il était le seul à le posséder au plus profond de lui-même, le seul aussi appelé à l'habiter et à inventer la langue dans laquelle il pourrait l'exprimer. Que Hertel ait oui ou non réussi à se déployer pleinement comme individu créateur en dehors des ordres est une autre histoire. Si Joseph Valet est mort précipitamment dans les eaux d'un lac, Hertel, selon divers témoignages, s'est étiolé à Paris, seul et de plus en plus isolé.

Mais entre le sujet moderne souverainement libre et souverainement menacé de s'effondrer seul dans sa chambre au coin du feu, sa bouteille de vin souverainement vidée, et l'abdication de sa souveraineté personnelle et de sa liberté fondamentale au profit d'un ordre religieux qui réglerait une fois pour toute le problème de notre *différence* et de son *expression,* n'y aurait-il pas place pour une troisième voie, celle que le moderne-archaïque en moi se plaît à appeler le « Monastère de l'avenir » ? Qui sait si le terreau substantiel mais sclérosé du Canada français, comme le Moyen Âge revisité par Hermann Hesse (c'est-à-dire par un individu créateur), ne pourrait pas nous aider, dans une veine utopique, à penser le monastère de demain, le Monastère de l'avenir capable de régénérer la culture occidentale et ses fondements, tout en valorisant l'essor des individus et l'affirmation de leur singularité ? Car l'utopie monastique de Hermann Hesse est déjà vieille et sclérosée ; elle pèche de la même façon que péchèrent jadis les Églises et les ordres institués. Elle nous laisse au bout du compte seuls et orphelins, ne sachant toujours pas comment vivre la « foi » ou le rapport à l'« idéal », quels qu'ils soient, dans le monde d'aujourd'hui et de demain.

Le Monastère de l'avenir, tel que j'aime à l'envisager du fond de mon archaïsme qui a soif d'ailleurs, serait une *uto-*

pie génératrice de formes nouvelles, de fois nouvelles et de communautés nouvelles. Ce monastère utopique est impossible, *et pourtant il existe* chaque fois que deux individus, ou trois, quatre, cinq, dix, quinze ou vingt se rassemblent autour d'un idéal commun et d'une foi partagée. Ce que nous raconte au fond Paul-Émile Borduas dans ses *Projections libérantes,* ce n'est rien d'autre que la naissance d'un de ces minimonastères spontanés autour de son enseignement et de ses expérimentations artistiques à l'École du meuble.

Les monastères spontanés que j'appelle de mes vœux rassembleraient des groupes de croyants hors les murs sur la base d'une libre association non exempte de désirs et de passions. Association d'idées, d'affinités, et de puissances en acte, le Monastère de l'avenir résisterait à tout figement et à toute sclérose, contrairement à l'Ordre castalien, parce qu'il chercherait avant tout à rassembler des puissances créatrices en quête de moyens d'expression et d'alliés. « Co-créateurs » et « co-moissonneurs », comme disait Zarathoustra, néo-moines et néo-moniales inventeraient, dans un climat d'entraide et d'émulation propre à la communauté, de nouvelles « représentations du monde », créeraient de nouveaux modes de vie, de nouveaux rapports aux autres et d'autres façons de se rapporter à la société et au monde du travail. Ces monastères spontanés pourraient alors se multiplier sur les ruines, les décombres et les cadavres de toutes les « valeurs supérieures » et créer une sorte de voile spirituel, de monastère fantôme disséminé dans les interstices du monde marchand et technologique. Le triomphe mondial du nihilisme, nécessaire et inévitable, hébergerait alors dans son sein, quoique invisible et voilé pour le plus grand nombre, un germe d'avenir, le monastère de demain aux membres et aux articulations innombrables, au corps sémillant composé d'une multitude de foyers signifiants et de fournaises de sens.

Mais je sais aussi que ce monastère fantôme n'aura aucune chance d'exister si chacun de ses membres potentiels ne fait pas d'abord l'effort d'être lui-même un temple et un autel nouveaux. Que chacun s'efforce donc de refaire un temple de son esprit, car pour entrer dans une nouvelle communauté et créer un pacte nouveau, encore faut-il être soi-même quelque chose et avoir quelque chose à apporter à cette communauté. La solitude et la vie érémitique sont ici absolument nécessaires ; autrement, ce n'est pas d'un individu que la communauté s'enrichit, mais d'un misérable qui n'apporte avec lui que son indigence et son incapacité à être lui-même. Pour faire place à l'individu, le Monastère de l'avenir devra donc inventer d'inédites combinaisons entre la vie cénobitique et la vie érémitique des moines modernes, ces lions des grandes villes ou des déserts les plus reculés, ces solitaires dans l'âme qui pourtant ne veulent pas toujours être seuls, qui cherchent des alliés, des oreilles pour les écouter et des bouches pour répandre la bonne nouvelle : « Sont, la Vie et l'Esprit ! Tout naît, tout renaît ! L'Art et le Monde peuvent encore une fois être sauvés ! Par vous, par moi ! Par vous et moi ! »

L'autre souveraineté

> *Notre intelligence elle-même sera macadamisée, pour ainsi dire, ses fondations seront réduites en pièces afin que les roues des véhicules roulent dessus. […] Si nous avons été ainsi désacralisés – et qui ne l'a pas été ? – le remède viendra de la prudence et de la dévotion que nous montrerons à retrouver notre caractère sacré et à faire à nouveau un temple de notre esprit.*
>
> HENRY DAVID THOREAU, La Vie sans principe

> *J'entrai en solitude comme on entre au couvent. Là, j'appris à devenir plus attentif à moi-même, j'appris à devenir plus attentif aux autres.*
>
> PAUL TOUPIN, Souvenirs pour demain

Blessé à l'âme… Quelque chose ne va pas, ne va plus. Étrange sentiment de ne plus s'appartenir – mais s'est-on jamais appartenu ? D'avoir perdu le fil. Comme lorsqu'on tombe malade après avoir trop travaillé. De s'être surmené… ou d'avoir voulu trop impérieusement passer par-dessus soi, comme il est si aisé de le faire, et comme parfois chacun semble nous y enjoindre. Heureusement, les « crises » de toutes sortes sont là qui couvent, qui nous attendent au détour : maladies, fièvre, insomnie… pour nous rappeler à nous-mêmes – de force ! –, pour nous faire prendre conscience du fait que nous étions en train de nous perdre, de nous oublier, de ne plus être dignes de ce qu'il y a de meilleur en nous. (Le meilleur de nous-mêmes : que serait-ce sinon le sentiment et la conscience de cette existence absolue qui est la nôtre, sentiment de notre *irréductibilité* à tout ce qui est – gage de la plus grande des libertés, la liberté intérieure ?) Alors, l'envie nous prend de refaire un temple de notre esprit, de s'extraire du monde (surtout social) pour nous concentrer en nous-mêmes, un peu à la manière de cet étrange et farouche promeneur solitaire qui n'a de cesse d'approfondir cet espace intérieur de la rêverie où l'âme trouve à se recueillir en elle-même…

À bout de souffle, au propre comme au figuré, fiévreux, on se prend à se demander ce qui nous meut dans l'existence : « Après tout, se dit-on, pourquoi faire tout ce que je fais ? À quoi, à qui est-ce que j'obéis ? Est-ce bien ma vie que je mène ? Et si je m'étais trompé, ou du moins égaré ? » Et le sentiment douloureux, presque angoissant, qui suit ce questionnement, comme s'il en était la réponse, ou l'écho, d'être si rarement ce que nous sommes, d'être si peu dignes des trésors que la nature a mis en nous…

*   *   *

Communier – Lirons-nous aujourd'hui dans ces dispositions *Les Rêveries du promeneur solitaire,* alors que le nombre de ceux qui errent sans port d'attache, loin d'eux-mêmes, toujours plus loin, ne cesse de croître et que les déracinés de l'âme, privés de tout recours intérieur, les expatriés du « soi », les sans-abri de l'intériorité s'agitent de plus en plus frénétiquement parce qu'ils pressentent que le bonheur qu'on a inventé pour eux est triste et qu'on ne peut pas faire fond sur lui ? Car du « soi » seul sourd cette joie de l'Être qui se sent et se connaît. Pourtant, il est méconnu : le soi, ce noyau de l'être, son essence et sa racine ontologiques, est le grand oublié de l'individualisme contemporain, qui perd ainsi son assise et son origine, son ressort vital et créateur. L'homme moderne, notre contemporain (entouré de toute sa quincaillerie technologique, encouragé par tous les médias qui annoncent la bonne nouvelle : « Un Homme nouveau est né, heureux et tout-puissant, sans ombres ni intériorité ») – cet homme moderne, pourtant si souvent triste, inquiet et épuisé, ne fuit-il pas cela seul qui pourrait le sauver et lui donner un port d'attache, un ultime recours devant l'effondrement généralisé et quasi inévitable de tous les repères traditionnels substantiels ? Or, il n'y a que le soi qui puisse le sauver, redevenir pour lui un temple intime à une époque où tous les temples collectifs ont été désertés.

Et pourtant, cet homme frénétique et sans-abri a peur de ce soi, parce qu'il ne le connaît pas, parce qu'il n'a pas appris à le connaître. Ce soi est pour lui synonyme d'angoisse : il craint sa profondeur, sa complexité et, *plus que tout,* sa souveraine solitude. C'est pourquoi il cherche à le fuir en le noyant dans une mer de socialité factice qui l'étourdit momentanément. Et pourtant, seul le soi pourrait donner un sens à son existence, être pour lui un destin, *son* destin, et lui rendre *sa* liberté, souveraine et inaliénable.

Alors moi, moderne plus ou moins de mon temps, plus ou moins archaïque, plus ou moins primitif, réussirai-je, malgré tout ce qui me déchire et me divise, à rassembler et à faire communiquer les différents morceaux de mon être épars en me rendant attentif à cette quête du promeneur solitaire, une quête éminemment moderne et profondément archaïque : moderne dans sa valorisation intransigeante du soi et de la conscience individuelle envers et contre le groupe et la morale instituée ; primitive et archaïque dans sa quête originelle, irrationnelle et mythique de ce même soi ?

Ou du moins, saurai-je reconnaître le seuil du chemin sur lequel il me faudra m'engager pour reconquérir cette part sacrée, cette étincelle, si fine et ténue soit-elle, qui gît en nous, sous tant de cendres et de *mauvaise foi* ? Saurai-je pour cela entendre au seuil du chemin qu'il me reste à parcourir, par-delà le refus exprimé par Rousseau d'écrire pour les autres, la *voix* du solitaire qui, paradoxalement, n'a jamais été aussi proche de son lecteur, comme si cette *voix*, par-delà le « complot universel », avait trouvé le moyen, en niant son destinataire, de le rejoindre plus sûrement et plus profondément, de lui parler du fond du plus intime de son être et de le toucher, lui, le lecteur honni, indiscret, en plein cœur (un peu comme si le fait d'avoir accentué jusqu'à son ultime limite, jusqu'au délire parfois, la coupure entre le *moi* et l'*autre* avait fini par abolir la distance et l'altérité qui ont tant fait souffrir Rousseau dans ses rapports aux autres) ? Si le sentiment de l'existence absolue de notre être peut se passer de toute affection extérieure, de toute passion, de tout intermédiaire, comme le prétend Rousseau en se remémorant son séjour sur l'île Saint-Pierre, ne pourrions-nous pas risquer à notre tour cette hypothèse : que la communication absolue puisse, elle aussi, se passer de l'autre en tant qu'autre dans la mesure où, en le niant, elle ne cesse de l'englober dans la communion qu'elle appelle ? Rousseau écrit : « Il n'y a pas de jour où je ne me rappelle avec joie et attendrissement cet unique et court temps de ma vie où je fus moi pleinement, sans mélange et sans obstacle, et où je puis véritablement dire avoir vécu. » Cette phrase aurait très bien pu clore la *Cinquième promenade* dans laquelle Rousseau retrace le bonheur autarcique et le sentiment de son existence absolue qu'il goûta sur l'île Saint-Pierre. Pourtant, cette phrase est tirée de la *Dixième promenade* qui évoque l'idylle des Charmettes avec Madame de Warens. C'est dire que l'autre n'est pas toujours vu chez Rousseau comme un obstacle au rapport que l'on entretient avec soi. Il peut même, s'il devient véritablement un intime, c'est-à-dire un deuxième « moi », intensifier le rapport à soi et former l'âme : « Mais durant ce petit nombre d'années, écrit Rousseau, aimé d'une femme pleine de complaisance et de douceur, je fis ce que je voulais faire, je fus ce que je voulais être, et par l'emploi que je fis de mes loisirs, aidé de ses leçons et de son exemple, je sus donner à mon âme encore simple et neuve la forme qui lui convenait davantage et qu'elle a gardée toujours. »

Si nous savons entendre la voix de Rousseau par-delà son refus d'écrire pour les autres, c'est donc que nous aurons su ouvrir notre cœur au solitaire, comme « Maman », devenus dès lors des intimes, des êtres intérieurs à soi (dont on porte en soi l'âme), et non plus des autres, des étrangers ; et sa *voix*, nous l'emporterons avec nous lors de nos propres promenades solitaires, ayant intérieurement résolu et compris le paradoxe de celui qui devait se « recueillir pour aimer ». Rousseau écrit : « Le goût de la solitude et de la contemplation naquit dans mon cœur avec les sentiments expansifs et tendres faits pour être son aliment[1]. » Se recueillir, donc, pour ensuite être capable de donner et de communiquer le meilleur de nous-mêmes (autrement, il n'y a que pauvreté et misère à deux ou, pis, à quatre ou à cinq) ; et s'il n'y a plus personne pour recevoir les épanchements de notre cœur, alors nous écrirons, comme à un autre soi-même : pour témoigner, pour communier. Lorsqu'il n'y a plus de « Maman » pour nous sur terre, que reste-t-il ? Il reste l'écriture. L'écriture saura-t-elle recréer l'unité perdue ? Ressusciter la communion, l'idylle des Charmettes ? Si Rousseau avait totalement réussi à trouver sa pâture au-dedans de lui, comme il dit le souhaiter dans ses *Rêveries,* il ne les aurait pas écrites. S'il n'écrit ses *Rêveries* que pour lui-même, selon son propre aveu, c'est dans la mesure où un second lui-même pourrait s'y reconnaître, créant ainsi, par-delà la distance et la coupure, une nouvelle sorte de fraternité : une communauté des solitaires, d'hommes et de femmes absolus qui se reconnaissent et s'entretiennent les uns les autres par-delà l'abîme du temps et de l'espace.

---

1. Jean-Jacques Rousseau, « Dixième promenade », dans *Les Rêveries du promeneur solitaire,* Paris, L'Aventurine, 2001.

Troupe de rêveurs impénitents, rêvant d'une liberté totale, absolue – d'une liberté à faire rêver, d'une liberté à faire pleurer ; hésitant sans cesse entre le don total de soi (dans l'amour, dans le désir, dans la parole, dans l'écriture) et le repli sur soi.

Bien sûr, j'aimerais tant que l'on m'entende, que l'on sache à quel point mon âme souffre d'être seule à être ce qu'elle est, à quel point elle vous aime aussi, par-delà votre carapace, vos masques et vos mensonges : dans votre irréparable *détresse ; et pourtant, je ne puis faire autrement que de me retirer, me mettre volontairement à l'écart, puisque je dois réapprendre à marcher, à ma manière et à mon rythme, à l'écart justement… Oui, j'ai un* pas à parfaire *et un* chemin à faire mien.

* * *

S'ensauvager ! – Retrouver le sauvage qui gît en nous, non plus dans un hypothétique « âge d'or », qui aurait précédé la socialisation de l'être humain (âge d'or dont on a tout lieu de croire qu'il ne fut jamais autre chose qu'un beau et grand rêve stimulant le goût de la liberté chez l'homme que des siècles de civilisation auraient peu à peu individualisé), mais aujourd'hui, maintenant, en marge de la société, et après avoir passé à travers le processus de socialisation et de civilisation. Tel serait le mot d'ordre que j'extrairais de ma lecture des *Rêveries* : « Retrouver cet homme naturel, indépendant et libre qui gît au fond de tout individu, et ce, MAINTENANT ! »

Seulement, je m'en aperçois, ce mot d'ordre n'en demeure pas moins lourd de conséquences. On ne rompt pas impunément le « contrat social » qui nous lie aux autres, d'autant qu'on s'en sera fait le théoricien. Le goût pour la solitude ne date pas d'hier chez Rousseau, ni chez moi d'ailleurs. Il remonte chez notre promeneur aussi loin qu'à l'époque des Charmettes, où le jeune homme devait déjà se retirer, fuir le monde, « le tumulte et le bruit », pour laisser libre cours à ses sentiments expansifs. Ce ne sont donc pas seulement les hommes et ses « persécuteurs » qui, en le décevant, l'ont obligé à se tourner vers l'espace intérieur de la rêverie, mais ce que sa nature comportait déjà de sauvage et d'irréductible.

Et toi, adolescent, que faisais-tu dans ta chambre ? Que lisais-tu ? Quel mauvais coup nous préparais-tu ? Pourquoi n'étais-tu pas avec eux… *tes semblables ? Pourquoi as-tu cessé de croire (mais y as-tu déjà cru ?) aux images dont le téléviseur de la salle familiale aurait pu t'abreuver jusqu'à la fin des temps ? Est-ce* toi *que tu cherchais ? Oh ! Quel orgueil ! Quelle folie !*

Nous ne pouvons non plus écrire, comme le fit Rousseau, sans encourir quelque risque : « Me voici donc seul sur la terre, n'ayant plus de frère, de prochain, d'ami, de société que moi-même[2]. » Au fur et à mesure que nous retrouverons l'« existence absolue » de l'homme naturel, telle que Rousseau l'expérimente dans ses *Rêveries,* la coupure avec la société civile s'accentuera. Rousseau écrivait dans l'*Émile* que le propre des institutions sociales était de « dénaturer l'homme », de « lui ôter son existence absolue pour lui en donner une relative ». Si nous décidons de recouvrer cette existence absolue, c'est le lien social qui en pâtira. En voulant retrouver la liberté et l'indépendance de l'homme naturel, c'est le fondement même de la société civile que nous ébranlons puisque celle-ci tire sa cohésion de l'abdication de toutes les souverainetés particulières au profit du corps social. Ainsi Rousseau opposera-t-il très nettement l'homme naturel à celui qui s'est policé : « L'homme naturel est tout pour lui ; il est l'unité numérique, l'entier absolu, qui n'a de rapport qu'à lui-même ou à son semblable. L'homme civil n'est qu'une unité fractionnaire qui tient au dénominateur, et dont la valeur est dans son rapport avec

---

2. *Ibid.,* « Première promenade ».

l'entier, qui est le corps social. » En fait, il nous avait avertis. La voie des hommes et la voie de la nature sont contradictoires, et cette contradiction n'est pas que théorique ; elle est vécue à l'intérieur de soi, dans de multiples tiraillements dont le plus souvent nous ne venons jamais à bout : « Entraînés par la nature et par les hommes dans des routes contradictoires, forcés de nous partager entre ces diverses impulsions, nous en suivons une composée qui ne nous mène ni à l'un ni à l'autre but[3] », lit-on déjà dans l'*Émile*. Cette contradiction, Rousseau l'aura vécue dans sa chair. Ses écrits en porteront la marque, tantôt cherchant à dessiner les contours d'une société et d'un pacte social idéals, tantôt se repliant avec passion et fougue sur la sphère privée, la *res-privata*.

L'un des plus grands bonheurs du Genevois n'était-il pas de voir « des cœurs contents », comme il le dit lui-même et l'exemplifie dans la *Neuvième promenade* ? Certes. Pourtant, la conclusion qu'il tire, dans la *Sixième promenade*, de l'analyse de sa « bonté naturelle » et de la chaîne des obligations qu'elle entraîne est qu'il est inapte à la société civile : « Le résultat que je puis tirer de toutes ces réflexions est que je n'ai jamais été vraiment propre à la société civile où tout est gêne, obligation, devoir, et que mon naturel indépendant me rendit toujours incapable des assujettissements nécessaires à qui veut vivre avec les hommes. » Quel aveu de la part d'un solitaire qui, la plupart du temps dans les *Rêveries*, voudrait faire porter aux autres toute la responsabilité de son asociabilité, en faisant de leur méchanceté l'alibi rêvé pour qui ne veut plus se vouer qu'à lui-même et témoigner de ce qu'il est ! En poussant jusqu'à la limite la théorie du complot, en en faisant une « ligue universelle » et providentielle, Rousseau n'a-t-il pas réussi, par une étrange ruse de la raison – acoquinée pour les besoins de la cause au délire et à

---

3. Jean-Jacques Rousseau, *Émile*, Paris, Garnier, 1967, p. 9 et 11.

la paranoïa –, à se disculper, du moins à ses propres yeux, de sa tendance la plus naturelle, tellement en contradiction avec la vie en société ? Ainsi Rousseau serait justifié, puisque l'humanité l'a banni, de rentrer en lui-même, de fuir dans les bois, loin de toute présence humaine, pour reconquérir et découvrir les « trésors » qu'il portait en lui-même. Ces « trésors » intérieurs, qui valent bien toutes les richesses du monde, Rousseau dit les devoir à ses persécuteurs. Ce sont eux, nous dit-il, qui l'ont forcé à s'exclure de la société des hommes et c'est dans cette exclusion, tantôt doulou-reuse et tantôt désirée, qu'il a accoutumé peu à peu son cœur à se « nourrir de sa propre substance et à chercher toute sa pâture au-dedans[4] ».

Or, que cherche-t-il, ce solitaire, dans les bois, sinon cette existence absolue échue à l'homme naturel, qui a l'étrange bonheur d'être tout pour lui-même, une sorte d'« entier absolu », selon les termes de l'*Émile* ? Dans ses diverses promenades, c'est cet homme que la nature a voulu qu'il soit que le promeneur solitaire cherche : « Ces heures de solitude et de méditation », confie-t-il dans la *Deuxième promenade,* « sont les seules de la journée où je sois pleine-ment moi et à moi sans diversion, sans obstacle, et où je puisse véritablement dire être ce que la nature a voulu. » Cette recherche d'une existence absolue, qui est, selon moi, la trame et l'enjeu des *Rêveries du promeneur solitaire,* atteint un sommet dans la *Cinquième promenade* par l'évo-cation du bonheur autarcique qu'il goûta à l'île Saint-Pierre et des rêveries qu'il y fit, dans lesquelles il jouissait rien de moins que du sentiment intense et épuré de sa propre exis-tence. Ce désir de retrouver le sauvage qui gît en nous, l'homme naturel, son existence absolue, traverse d'un bout à l'autre *Les Rêveries du promeneur solitaire.* Et si l'île Saint-

---

4. Jean-Jacques Rousseau, « Deuxième promenade », dans *Les Rêveries du promeneur solitaire.*

Pierre est perdue à jamais (pour nous, qui ne la connaîtrons jamais, et pour Rousseau, qui jamais plus n'y retourna), l'imagination peut nous y reconduire chaque jour – tout comme l'Idée que l'on peut extraire de cette expérience singulière et tenter de rendre agissante ailleurs, dans un autre milieu, dans d'autres circonstances. Du moins, c'est ce que prétend Rousseau, dont l'esprit devient une sorte de temple au fur et à mesure qu'il apprend à se recueillir en lui-même. Tout se passe donc comme si, dans les dernières années de sa vie, le philosophe avait repris à son compte, sur le mode « personnel », tragique et existentiel, sa réflexion « théorique » amorcée précédemment sur l'homme naturel et le « bon sauvage » – en l'essayant sur lui, en quelque sorte, en en faisant une expérience contemporaine vécue au jour le jour, en creusant toujours davantage l'abîme entre le promeneur solitaire et la société, en exacerbant de plus en plus la conscience de soi et l'irréductibilité de cette dernière.

Paradoxalement, c'est en allant au bout de son « primitivisme », en le développant jusque dans ses derniers retranchements intimes et personnels, que Rousseau donne au sujet moderne toute sa densité existentielle. Ce « primitivisme » en fait étonnamment le penseur européen le plus moderne de son époque, le plus actuel et le plus nécessaire de nos jours, puisqu'il expérimente un *autre* principe de souveraineté, qui n'est plus la Raison, dont la Renaissance puis Descartes dotèrent le sujet moderne, mais l'« existence absolue », c'est-à-dire le *sentiment irréductible de son être,* le sentiment vécu comme une évidence inentamable d'être soi, d'être seul à être soi, invulnérable et libre au plus profond de soi, et de pouvoir jouir de soi, en toute impunité, loin des hommes et de la société.

Le soi qui s'éprouve dans sa souveraineté, non parce qu'il serait doté de raison (laquelle est « naturellement égale en tous les hommes », comme l'écrivait Descartes), mais parce qu'il est soi, qu'il se sent et s'éprouve tel, parce qu'il est le seul soi à penser ce qu'il pense au moment où il le pense, à rêver ce qu'il rêve quand il rêve, à désirer ce qu'il désire quand il désire, ce soi est précisément ce principe de souveraineté capable de s'opposer à la normativité rationnelle qui, avec l'essor de la modernité, a remplacé les anciens tyrans, les lois tribales et les comportements ataviques. Car l'essor de la rationalité moderne, en libérant l'individu de ce qui pouvait traditionnellement entraver son affirmation, peut à son tour se métamorphoser en une nouvelle normativité tout aussi contraignante, quoique plus abstraite et insidieuse. Cette normativité prendra notamment la forme d'une représentation étriquée de l'homme et de son intériorité, étroitement « matérialiste » à l'époque de Rousseau, pseudo-neuro-bio-scientifique de nos jours ; et, en l'absence de toute *autre* dimension accréditée, cette normativité rationnelle conduira inévitablement à une survalorisation du monde social comme seul horizon, en glorifiant par exemple le monde du travail et le régime de la production/consommation.

Sans doute serait-il vain de résister de nos jours, au nom de la « communauté naturelle » ou de la « religion révélée », à l'essor de cette rationalité scientifique propre à la modernité. La tentation intégriste, nationaliste ou religieuse, ne peut combattre cet essor de la modernité qu'au prix du sacrifice de l'essor des individus, qui est un sacrifice inadmissible allant à contre-courant du désir d'émancipation des individus. Or, c'est en son *propre nom* qu'on peut et doit résister à ce grand laminage de l'individu par cette représentation technoscientifique de l'homme et à son insertion non questionnée dans l'édifice social, rationalisé et bâti autour du projet de domination de l'homme sur la nature et du développement exponentiel de sa puissance technologique.

Si aujourd'hui, en Occident, la Technique a remplacé les communautés fermées et les religions officielles comme instance suprême de coercition sociale et personnelle, Rousseau, le plus « primitif » et le plus moderne des penseurs européens du XVIIIe siècle, peut nous donner, avec son mythe de l'« homme naturel », un *autre* principe de souveraineté susceptible de nous aider à nous libérer de son emprise. Cet homme « que la nature a voulu qu'il soit », Jean-Jacques Rousseau l'aura conquis (ou recouvré) envers et contre tous, contre la société et ses « persécuteurs », les « philosophes », leurs livres et leurs « cabales ». Et toutes ses *Rêveries* ne font que nous inciter à conquérir ce droit inaliénable et pourtant si rare : le droit d'être soi.

Amour de soi et amour de l'autre

Être touché – Et pourtant… Et pourtant cet amour de la solitude, qui remonte bien plus loin que les déboires des dernières années, n'a pas empêché Rousseau d'élaborer ses projets de félicité terrestre ni d'être happé par les « passions sociales et leur triste cortège[5] ». S'il avoue, dans la *Sixième promenade,* ne pas être propre à la société civile, il affirme néanmoins à la page qui précède que son plus profond désir eût été « de voir tous les cœurs contents ». Il écrit : « L'aspect de la félicité publique eût pu seul toucher mon cœur d'un sentiment permanent, et l'ardent désir d'y concourir eût été ma plus ardente passion. » Comment entendre ce paradoxe ? Comment comprendre que cet homme solitaire et indépendant, pour qui la contrainte sociale a quelque chose d'insupportable, pour qui la société rime précisément avec cette contrainte et ce joug, fasse de la félicité publique une condition de son bonheur ? « Tant que les hommes furent mes frères », confie le promeneur solitaire maintenant aigri, « je me faisais des projets de félicité terrestre ; ces projets étant toujours relatifs au tout, je ne pouvais être heureux que de la félicité publique et jamais l'idée d'un bonheur particulier n'a touché mon cœur que quand j'ai vu mes

---

5. *Ibid.,* « Huitième promenade ».

frères chercher le leur dans ma misère[6]. » En fait, il faudrait remonter à la source de son projet politique pour comprendre ce paradoxe qui n'en est pas vraiment un, mais qui tient plutôt à la nature ambivalente et contradictoire de l'homme naturel tel que Rousseau le conçoit.

Ici comme ailleurs, nous remarquerons que la « théorie » présentée dans le *Discours sur l'origine de l'inégalité* reproduit le mouvement le plus naturel de la « sensibilité » du promeneur solitaire. Par quoi le promeneur solitaire est-il le plus affecté ? Par les autres, bien entendu. Ce sont eux qui le ravissent à lui-même, leurs regards le transpercent, devant les hommes il perd tous ses moyens. À une époque plus heureuse de sa vie, le solitaire policé trouvait un réel bonheur à aller parmi ses semblables, à les aimer et à en être aimé. Mais depuis que les déboires ont commencé et qu'il se croit détesté par eux, il fuit les hommes. Pourtant, dans les deux cas, c'est la même sensibilité à fleur de peau qui s'exprime, la même capacité à être affecté par son prochain, de se réjouir avec lui s'il est heureux et qu'il nous aime, de souffrir avec lui s'il est dans le malheur, de le craindre et de le fuir s'il nous méprise ou qu'il veut rire à nos dépens. Le naturel indépendant du promeneur solitaire n'exclut donc pas une très vive sensibilité à l'autre ; au contraire, on a parfois l'impression que c'est cette sensibilité à fleur de peau, exacerbée, effarouchée par les diverses trahisons et condamnations qui le pousse dans les bois où il peut enfin se retrouver. Rappelons-nous que le bonheur autarcique dont jouit Rousseau sur l'île Saint-Pierre suit une épreuve traumatisante où la société lui est apparue sous son jour le plus trivial, le plus grossier et le plus dangereusement grégaire : je pense à la lapidation de la maison du philosophe à Motiers, dont il parle dans ses *Confessions*. Malgré tout, et même après ce genre d'aventure qui lui a fait préférer les bonheurs solitaires,

---

6. *Ibid.*, « Septième promenade ».

telles les longues promenades et l'étude de la botanique, à la fréquentation des hommes, il arrive encore au promeneur solitaire de goûter le charme de voir des « cœurs contents » qui lui sont ouverts. À la *Septième promenade*, où l'auteur fait état des joies solitaires liées à la pratique de la botanique, fait pendant la *Neuvième promenade*, où il prend plaisir à se rappeler les rares moments qu'il peut encore goûter avec ses semblables, moments où la joie est *partagée*, où l'ouverture à l'autre est désintéressée et gratuite – une gratuité qui rappelle l'« étude de la nature » et la « bonté naturelle » telles que Rousseau les envisage dans ses *Rêveries*, c'est-à-dire débarrassées de tout désir de possession et d'asservissement, non utilitaires et non fonctionnelles.

Or, cette faculté d'être affecté par son prochain, de souffrir ou de se réjouir avec lui, qu'est-ce sinon cette étrange vertu des premiers hommes, que Rousseau croit naturelle et qu'il nomme « pitié » ? Sans elle, « les hommes n'eussent jamais été que des monstres, [...] de cette seule qualité découlent toutes les vertus sociales », écrira-t-il dans le *Discours sur l'origine de l'inégalité*. C'est elle qui, encore une fois, « modérant dans chaque individu l'activité de l'amour de soi-même, concourt à la conservation mutuelle de l'espèce[7] ». Cette capacité de « souffrir avec », ou de se réjouir, est précisément celle du promeneur solitaire, « né sensible et bon, portant la pitié jusqu'à la faiblesse[8] ». C'est là, dans cette sensibilité à l'autre *vécue* par l'auteur avant d'être conceptualisée par le théoricien de l'origine de l'inégalité parmi les hommes, que se trouve le germe des « passions sociales » qui habitèrent notre promeneur solitaire et dont nous avons dit un mot plus haut.

---

7. Jean-Jacques Rousseau, *Discours sur l'origine et les fondements de l'inégalité parmi les hommes. Discours sur les sciences et les arts*, Paris, GF, 2002, p. 213-214.

8. Jean-Jacques Rousseau, « Sixième promenade », dans *Les Rêveries du promeneur solitaire*.

« Si tout le monde était heureux, pourrions-nous dire, nous n'aurions plus en effet à souffrir de la souffrance des autres, nous nous réjouirions avec eux et de la félicité générale. Mon instinct moral me porte tout naturellement à vouloir le bien d'autrui plutôt que son malheur ; faisons donc ce que nous pouvons pour le lui rendre accessible. » Ainsi parlerait, selon moi, la sensibilité *politisée* de Jean-Jacques, alternant avec le cri du cœur non moins puissant et impérieux du solitaire, que je traduirais comme suit : « Je suis né libre, je veux rester libre ; et si la société entrave cette liberté, je la fuirai, j'irai me cacher dans les bois, dans les forêts, au fond d'une barque, partout où l'on peut rêver à sa guise, sans être le jouet ou l'esclave de rien ni de personne ! »

Or, comment concilier ces voies inconciliables, celles de la nature et de la société, du soi et du groupe ? Rousseau ne s'est-il pas fait tantôt le théoricien idéaliste du contrat social et de la volonté générale, tantôt le théoricien non moins idéaliste de l'« homme naturel » et du « bon sauvage » ? Ne pourrait-il pas y avoir une voie de traverse qui combinerait les deux tendances et serait propice à l'élaboration de nouvelles formes de socialité, une socialité qui eût plu à cet homme naturel et indépendant, à ce farouche promeneur solitaire dont le cœur était fait pour aimer ? Rousseau n'a évidemment jamais formulé le problème ainsi, et il est mort sans même avoir pu terminer la rédaction de ses *Rêveries*. Néanmoins, ne pourrait-on pas *rêver* à notre tour et *imaginer* que le promeneur solitaire, après s'être peu à peu libéré de toutes les contraintes sociales, de tous les liens factices, de toutes les obligations convenues, de tous les regards, puisse désirer, ayant enfin retrouvé l'homme naturel et le sauvage irréductible en lui, fonder de nouveaux liens sociaux sur la base non de l'« intérêt mutuel » qui régit le contrat social, mais du *sentiment,* c'est-à-dire du désir, qui est don de soi et accueil de l'autre ? C'est ainsi que de nouvelles communautés désirantes pourraient voir le jour en marge du contrat social général, abstrait et fonctionnel qui régit la société dans son ensemble. Ces communautés rassembleraient, sur la base d'une libre association, les déserteurs, les promeneurs et les rêveurs, tous ces êtres jaloux de leur indépendance mais néanmoins avides de se donner, de se communiquer et de « voir des cœurs contents ».

L'homme naturel est poussé vers l'autre par le sentiment ; l'homme social, par l'intérêt mutuel. Le contrat social régissant la vie en société a ceci d'indépassable qu'il assure la survie matérielle de chacun à travers la survie matérielle de la communauté, et protège chaque associé dans ses droits et ses biens de la force générale créée par la collectivité. Cela dit, ce contrat social ne donne pas un sens à la vie en société, et encore moins à la vie de chacun, mais il serait dangereux de vouloir qu'il en soit autrement, car alors ce sens serait le *même* pour tous, ce qui est le propre des régimes totalitaires. L'abstraction du contrat social, son vide relatif et fonctionnel, est la condition de son pluralisme, nécessaire à l'affirmation des individus et à l'élaboration d'une multitude de communautés et de formes de socialité qui, elles, pourraient avoir un *sens,* mais un sens que l'individu aurait été libre de choisir ou d'inventer.

L'État de droit moderne libère le citoyen des communautés ataviques et des contenus hérités de la tradition ; cet arrachement aux traditions et aux communautés naturelles favorise le développement des singularités et l'affirmation des individus. Or, cet individu, s'il suivait la *voie* indiquée par Rousseau dans ses *Rêveries,* pourrait retrouver aujourd'hui, sans recourir à un « âge d'or » théorique, le sentiment de son existence absolue. Libéré du social, le promeneur solitaire contemporain pourrait alors inventer une nouvelle forme de socialité selon son cœur. Délesté du poids des autres, de leurs regards et des normes sociales, il pourrait repenser son rapport à soi et redessiner son rapport à l'autre du sein d'une communauté librement choisie et désirée. Le promeneur solitaire contemporain créerait de la sorte un pacte social clandestin, parallèle au contrat social pour tous. Et c'est ainsi que, paradoxalement, l'État de droit moderne pourrait, si on explorait toutes ses possibilités, favoriser la découverte de l'« homme naturel » par chacun et la formation d'une multitude de contrats sociaux parallèles et simultanés.

* * *

Se sanctifier ? – Lui en voudra-t-on néanmoins, à ce pauvre Jean-Jacques, de s'être finalement désolidarisé dans les *Rêveries* de cette quête d'un bonheur collectif, d'avoir fui dans les bois pour y chercher le sentiment d'une existence absolue et refaire un temple de son esprit – afin de le rendre indépendant des « méchants », libre d'errer à sa guise, de se fondre dans la nature ou de se recueillir en lui-même dans la jouissance et le sain amour de soi ? Si l'autre nous affecte et que l'on peut être ému de son sort, Rousseau n'a pas non plus manqué de souligner à quel point cet autre peut aussi devenir un obstacle à la conscience de soi épurée que le promeneur solitaire cherche à atteindre. Le sentiment de notre propre existence peut en effet être obstrué par le regard de l'autre et les innombrables chaînes que fait peser sur nous la société, nous faisant peu à peu glisser (selon la pente naturelle des obligations sociales qui étendent leurs toiles d'araignée partout) dans l'inauthenticité, la servitude et la dépendance, cela même qu'exécrait par-dessus tout Rousseau.

Les dira-t-on narcissiques et égoïstes, Rousseau et ses semblables, alors que ce sont ceux qui vivent parmi les hommes qui, plus souvent qu'à leur tour, masquent la vérité pour servir leur intérêt, utilisent leurs prochains sans aucune gêne, les fréquentent parce qu'ils ne peuvent se passer des miroirs flatteurs qu'ils leur tendent pour nourrir leur insatiable amour-propre ? Aurait-on préféré que Rousseau fût lapidé une fois pour toutes plutôt que de mettre de côté ses grands projets de réforme ? Lui en voudra-t-on aussi d'avoir finalement cherché à se sauver seul, sans attendre indéfiniment le salut de la société pour chercher le sien ? En esquivant la question, nous pourrions dire que, de toute manière, ses écrits plus politiques nous sont restés et qu'il les avait déjà rédigés avant de se retirer en lui-même. Toutefois, il serait imprudent de les dissocier de ce farouche besoin d'indépendance exprimé ici et là dans toute son œuvre et qui ne saurait être éludé, dans les *Rêveries* moins que nulle part ailleurs. Rousseau, tout en rêvant d'un pacte social idéal et d'une société sans inégalité ni injustice, n'a jamais cessé de revendiquer l'irréductibilité de son être et de sa pensée à la « chose sociale ». Ne nous conseillait-il pas, dans l'*Émile*, de chercher à faire un homme de notre élève, un homme intégral, avant que de vouloir le rendre utile à la société ? Ce précepte, encore une fois, Rousseau l'a fait sien : il l'a appliqué dans sa vie et l'a poussé à son paroxysme en écrivant ses *Rêveries*.

En fait, il aurait peut-être anticipé dans ses *Rêveries* – c'est une hypothèse que j'avance – ce qu'aurait été sa propre politique s'il avait vécu quelque cent ans plus tard, après les révolutions française et américaine, à peu près à l'époque de la parution de *La Désobéissance civile* (1848) et de *La Vie sans principe* (1863) d'Henry David Thoreau. À la fin de *La Désobéissance civile*, Thoreau se prenait à rêver d'un État qui, fondé sur le pouvoir, le respect et la valeur des individus, aurait été assez sûr de lui et assez fort pour permettre, sans pour autant sentir les bases de son autorité menacées, que des solitaires et des rêveurs comme lui puissent s'installer à l'écart et produire, dans la sphère privée, la *res-privata*, les fruits qui leur sont propres. Ces fruits auraient témoigné, en cultivant la créativité et l'intériorité de l'homme, de sa dignité, car, tout compte fait, l'homme ne mériterait pas tant d'honneurs s'il n'avait que des besoins à satisfaire et une sécurité à préserver – besoins et sécurité que la vie en société, dans un État « idéal », assurerait et comblerait de manière équitable…

Oserions-nous maintenant affirmer qu'il vaut mieux, durant ce court laps de temps qui nous est alloué de vivre sur cette terre, témoigner, du mieux qu'il nous sera possible, de la dignité de l'homme en sanctifiant d'abord son propre esprit, en en faisant une sorte de temple, sans pour autant se rendre insensible à la souffrance des autres ? Sans doute ! Car la menace qui pèse aujourd'hui sur les sociétés industrielles avancées dans lesquelles nous vivons, que ce soit au Québec ou ailleurs en Occident, n'est pas tant de vivre une pénurie de biens matériels que de souffrir d'une pénurie de biens spirituels pouvant nous élever et nous distinguer du « dernier homme », de la brute ou de l'automate. Certes, le miséreux souffre, et je ne veux rien enlever à sa misère : sa *réalité* crève les yeux ; mais le jeune homme qui s'enlève la vie ou qui, plus simplement, roule avec lui son désespoir parce qu'il a été élevé dans un monde où *rien* ne manque hormis le « sens », ne souffre pas moins ; seulement, sa misère est intérieure, elle est cachée. Problèmes de riches, me dira-t-on. Mais l'humanité est-elle autre chose qu'un luxe ? À commencer par l'idée même d'humanité…

Rousseau eût-il été rejoindre Thoreau dans les bois s'il avait vécu à son époque pour témoigner, lui aussi, encore et toujours, comme il l'a fait dans ses *Rêveries,* de la puissance de la pensée, des charmes de la nature et des joies de la rêverie ? Sans doute l'aurait-il suivi, pour sanctifier une fois de plus la meilleure part de lui-même et ce qui fait la grandeur de l'esprit humain. Rousseau eût-il été en outre d'accord avec Thoreau, qui écrivait : « À présent que la république – la *res-publica* – a été instaurée, il est temps de nous pencher sur la *res-privata* – l'état privé – pour veiller, comme le Sénat romain en chargeait ses consuls, à ce que "*ne quid res-PRIVATA detrimenti carperet*", autrement dit que l'état *privé* ne subisse aucun dommage[9] » ? On peut le supposer, en effet, puisque c'est déjà ce qu'il avait entrepris de faire en écrivant ses *Rêveries.*

---

9. Henry David Thoreau, *La Vie sans principe,* Paris, Mille et une nuits, 2004, p. 40.

Quant à nous, serons-nous cet « entier absolu » dont parlait Rousseau dans le premier livre de l'*Émile* ou cette « fraction » d'homme qu'est l'homme social ? Tout dépend de la souveraineté que nous recherchons, celle de l'« homme naturel » ou celle du « corps social ». Or, la véritable souveraineté, pour *un* individu, n'est-elle pas d'abord à chercher dans le cœur de l'homme, là où le soi inexpugnable et sauvage règne, plutôt que dans le corps social qui, s'il est souverain par rapport aux autres États, n'en exerce pas moins contrôles et pressions de toutes sortes sur les individus ? Contrairement à ce que laisseraient entendre les amalgames faciles, la souveraineté des États et des individus n'est pas concomitante ; la souveraineté de l'individu s'acquiert contre les pressions du corps social qui cherchent toujours, d'une façon ou d'une autre, à réduire les singularités et à les *utiliser* au profit du tout, qui est le corps social, lequel cherche avant tout l'ordre et sa reproduction. Or, le soi est inutilisable, irrécupérable et inassimilable. Le soi est l'ennemi du troupeau. Aussi est-il solitaire. Quiconque choisit de nos jours la « voie de la nature » choisit par conséquent la « voie du solitaire », qui seule permet de redécouvrir et d'entendre la voix originelle et archaïque du soi, fondement de toute subjectivité et de toute créativité.

Pourtant, n'est-ce pas en allant au bout de ce qu'il y a d'asocial en nous qu'une nouvelle forme de socialité peut être expérimentée et que les rapports sociaux, plutôt que de répondre aux représentations stéréotypées en cours à une époque, peuvent être réinventés ? Alors, l'autre sera véritablement choisi et élu par le soi prêt à l'accueillir. Sans la sainte et divine solitude, l'*amitié* (tout comme la religion authentique qui re-lie *le* fidèle à un principe supérieur) est impossible, le soi et l'autre n'existent pas : n'existe que le troupeau, dont la souveraineté exclut les différences ; n'existe que la confusion, soi qui se prend pour l'autre et l'autre qui se prend pour soi ; n'existe que le « couple » se supportant tant bien que mal, souvent plus mal que bien.

C'est en ce sens que l'amour de soi précède, en le rendant possible, l'amour de l'autre ; de cet amour de soi – et non de l'indifférenciation des êtres – découle l'amour-hospitalité, qui est véritablement accueil des différences. Sans un sain et profond amour de soi, il ne peut non plus y avoir de don substantiel : l'« homme social » peut donner de son temps et de son énergie (il peut même *servir* et *défendre* une « cause »), mais, sans un profond amour de soi, il ne peut *se* donner, il ne peut *se* sacrifier au sens fort du terme, tout simplement parce qu'il ne s'appartient pas, parce qu'il ne s'est jamais appartenu, et qu'il appartient aux autres avant de s'appartenir. Seuls les solitaires, les créateurs et les promeneurs ensauvagés s'appartiennent véritablement et peuvent en conséquence *se* donner, *se* sacrifier. L'œuvre accueille alors ce don de soi fait à l'autre, ce saint sacrifice d'un soi qui, en se possédant plus intensément que jamais, aspire à se perdre et à se donner.

Le « provincial émancipé »

Rousseau aurait-il pu être le penseur et l'écrivain original qu'il fut s'il n'avait pas été une sorte de provincial ? Aurait-il conquis cette indépendance et cette souveraineté si particulières s'il n'avait pas vécu son rapport vis-à-vis du centre, vis-à-vis de Paris (soit la civilisation la plus brillante et la plus raffinée de l'époque), du sein d'un *écart* ? Sans cette inadéquation du solitaire farouche qui jamais ne s'adapta tout à fait aux mœurs policées et aux raffinements de la conversation de la haute société parisienne du XVIIIe siècle (inadaptation qui pourrait aussi être vue comme étant celle d'un provincial timide et ombrageux dont les réparties et les manières laissèrent toujours à désirer en société), ce fils d'horloger genevois se fût-il autant méfié de la civilisation ? Mais, surtout, eût-il découvert en lui-même, par ricochet, cet autre principe de souveraineté : le soi intempestif et solitaire, seul capable de s'opposer à la Raison des philosophes, à l'utilitarisme des matérialistes et à l'abdication de la souveraineté particulière au profit de toutes les pressions sociales qui s'exercent sur l'individu à quelque époque qu'il se trouve pour le déposséder de lui-même et lui inculquer la loi non de son être intime, mais du groupe et de l'ordre social ? Je ne crois pas.

Rousseau le Genevois est un provincial, un étranger qui arrive à Paris, car la petite ville de Genève, quoique « indépendante », n'est pas Paris. Ce n'est pas Genève qui décide pour l'humanité de ce qu'est l'Homme, de ce qu'est Dieu, de ce qu'est la religion et de ce que devrait être l'État : c'est Paris, c'est Londres ; un jour ce sera aussi Berlin, Moscou et New York. Rousseau vient d'ailleurs, et cet ailleurs jamais ne le quittera. Il écrit et pense à partir d'un *écart*. Mais cet ailleurs n'est pas un « terroir » ou une « identité nationale » qu'il traînerait avec lui où qu'il allât, car Rousseau, qui ne vient pas du centre mais de la périphérie, est un « provincial émancipé », c'est-à-dire un individu ayant eu le courage de son individualité, un individu qui a fui un jour sa petite ville fortifiée, qui s'est arraché à sa communauté d'appartenance pour devenir lui-même. Cet exil et cet arrachement auraient aussi bien pu s'effectuer sur place, sans qu'il quitte sa communauté d'origine, en s'en détachant de l'intérieur ; mais ce ne fut pas là le destin de Rousseau, mais de Thoreau, qui pouvait écrire fièrement au début de *Walden* : « *I have travelled a good deal in Concord.* »

Néanmoins, si émancipé qu'il soit de son premier groupe d'appartenance, Rousseau ne s'adaptera jamais non plus totalement à la société parisienne. L'*écart* est donc maintenu, d'un côté comme de l'autre, et c'est cet écart justement qui l'empêchera d'adhérer aveuglément aux formes et aux pressions sociales quelles qu'elles soient : qu'elles aient la caution « universelle », dogmatique et dominante, des grands centres culturels et économiques européens ou l'« étroitesse » des communautés repliées sur leurs particularités.

Intellectuel parisien, « philosophe éclairé », Rousseau eût poursuivi l'œuvre des encyclopédistes sans déroger. Il ne se fût pas dissocié du « parti des philosophes » pour suivre les chemins sinueux de son sentiment, de ses pensées et de ses rêveries. Il n'eût pas fondé son propre « parti » et choisi aussi radicalement la voie de sa *différence* et de son *expression*. Il eût suivi plus volontiers les modes et les cabales, les partis pris « éclairés » de son temps, les préjugés de l'élite et ceux des « philosophes ». Intellectuel parisien, Rousseau n'eût pas été Rousseau, et cela, ses « adversaires » l'avaient très bien compris, au point de se sentir menacés par ce regard *autre*, venu d'ailleurs et remettant en question le principe de leur autorité. Mais la chance du « provincial émancipé » ne réside-t-elle pas précisément dans cet *écart* soutenu et maintenu qui lui permet, tout en échappant à l'étroitesse de sa communauté d'origine, de réévaluer la pertinence, les forces et les errements de la société dominante, qui, parce qu'elle est dominante, se croit universelle ? Or, la véritable universalité a plus à voir avec la vérité qu'avec la puissance qui permet d'imposer telle ou telle vérité particulière au reste du monde et d'infléchir l'Histoire dans le sens de cette particularité. La force du « provincial émancipé », sa souveraineté particulière vis-à-vis des nations et des courants de pensée dominants, réside dans son écart par rapport à cette puissance qui cherche à se faire passer pour la vérité, même si la vérité n'est pas davantage du côté des petites nations et des particularismes assumés. La vérité est du côté du regard *autre*, souverain et indomptable. La vérité est du côté du « bon sauvage », libre d'examiner les préjugés et les valeurs de toutes les communautés (dominantes ou périphériques) parce qu'il s'appartient d'abord avant d'appartenir à aucune d'entre elles et qu'il préfère se maintenir dans cet *écart* indispensable à l'exercice de la pensée et à l'affirmation de soi.

Or, en ce pays indécis, pluriel et biculturel qu'est le Canada, force est de constater que, par rapport aux grands centres culturels et économiques mondiaux, le Canada français, qu'il devienne indépendant ou non, qu'il change de nom ou pas, sera toujours plus ou moins une sorte de province, une province souveraine (soit un petit État sans poids véritable dans les affaires internationales, économiques et culturelles) ou alors une province fédérée d'un État d'une puissance moyenne à l'échelle mondiale, dont la place sur l'échiquier politique international ne pourra que décroître avec le temps et l'émergence de nouvelles puissances régionales. Le créateur canadien-français sera donc toujours plus ou moins une sorte de provincial, qu'il ait ou non son État-nation dûment identifié. Tout comme la Pologne de Gombrowicz, un Québec devenu indépendant n'en aurait pas pour autant fini avec son provincialisme, peut-être même devrait-il exacerber l'appartenance non questionnée à la communauté d'origine (à ses « valeurs » et à son « identité » bien définies) pour favoriser le « mouvement de masse » et la « ferveur nationaliste » sans lesquels le « projet de pays » ne pourrait voir le jour dans un État de droit libéral prospère favorisant la dispersion, le pluralisme et l'individualisme contemporain.

Le créateur canadien-français se trouve donc devant un fait irréductible : il ne sera jamais du côté de la puissance. Bien sûr, il pourra toujours se donner le change en mimant les faits et gestes des courants dominants ; il optera alors pour un universalisme d'emprunt qui ne lui réussira jamais tout à fait et lui laissera comme la nostalgie de ne pas être né ailleurs. Cette première option, quoique minoritaire, a toujours existé dans l'histoire intellectuelle et culturelle du Canada français et s'est perpétuée jusqu'à nos jours.

Une deuxième option, très populaire dans le Canada français d'antan et encore aujourd'hui dans le « Québec moderne », consiste à se replier sur son groupe d'appartenance, à s'ériger en berger de son peuple, en guide ou en sauveur inspiré, en poète ou en romancier national, en penseur ou en gardien attentionné de la nation en péril. En se repliant ainsi sur son groupe d'appartenance, l'intellectuel, le politicien ou le créateur retrouve quelque peu le chemin de la puissance (en vérité bien restreinte quand on la compare à celle des autres groupes), mais cette puissance restreinte ne lui appartient pas en propre : elle appartient au groupe avec lequel il a décidé de faire corps et qui peut à tout moment se détourner de son guide ou de son barde, le laissant plus que jamais à son insatisfaction et à son impuissance.

Enfin, la troisième voie qui s'ouvre au créateur canadien-français, dans le sillage de Rousseau, est celle de l'*écart créateur* et de la souveraineté retrouvée en dehors de toute espèce de communauté fixée à l'avance, qu'elle soit dominante ou périphérique. Cette souveraineté se nourrit tant de l'écart par rapport aux nations et courants dominants que de l'écart vis-à-vis du laisser-aller à la naturalité et aux atavismes du groupe communautaire d'appartenance. Cette souveraineté retrouvée, c'est celle du « provincial émancipé » qui use de sa *différence* comme d'une arme à double tranchant : d'un côté, il coupe le lien communautaire qui enserre l'individu dans les rets d'un contrat social non questionné et imposé (lequel se fait passer pour la nature même) ; de l'autre côté, il se sert de cet *écart* pour rester libre par rapport aux modèles universels d'émancipation, qui ne sont souvent qu'une nouvelle façon d'embrigader les individus des sociétés les plus développées dans de nouveaux moules sociaux et de juguler, par le fait même, ce qu'il y a d'irréductible et d'inassimilable chez les individus, la part la plus sauvage et en même temps la plus substantielle de chacun, là où le soi est seul à être soi. En suivant cette voie, le créateur, le solitaire ou le promeneur canadien-français s'écarterait de la puissance que procure l'appartenance à un groupe (plus le groupe est grand, plus la puissance est grande), mais il découvrirait du même coup la voie d'une *autre* puissance, celle qui lui est propre, celle qui est véritablement issue de lui : de son être, de sa différence et de son désir d'expression. De cette puissance autre et singulière qui ne doit rien à l'État, le provincial émancipé tire sa souveraineté, son irrévérence et sa radicalité, mais aussi sa joie et son innocence. Réjean Ducharme est le romancier canadien-français qui s'est le plus approché de cette *autre* souveraineté. De cette troisième voie, l'œuvre de Ducharme tire sa radicalité et sa liberté. Sa souveraineté et son innocence se trouvent dans ce regard autre, celui de l'enfance intransigeante, mais aussi celui de l'adulte solitaire et farouche, resté fidèle à cet enfant souverain, ce « bon sauvage » ducharmien qui dit la vérité tout en s'en jouant.

Ces voies offertes au créateur canadien-français exilé de la puissance (l'universalisme d'emprunt, la régression collectiviste, l'écart créateur) existaient déjà dans la culture du Canada français avant la Révolution tranquille, et elles se sont maintenues pendant et après ladite Révolution. La démarche de Rousseau nous permet cependant d'appréhender une souveraineté qui ne tiendrait pas d'abord à la souveraineté du corps social, mais à l'indépendance et à la souveraineté du soi, dont l'universalité ne se confondrait pas avec la puissance des nations dominantes et dont la vérité s'imposerait à l'individu de l'intérieur plutôt que d'être imposée de l'extérieur par le groupe ou le corps social quel qu'il soit. Cette démarche solitaire nous apprend aussi que l'œuvre authentique et personnelle ne doit pas compter sur la puissance d'un État ou d'un groupe constitué, si « éclairés » fussent-ils, mais sur sa singularité et sa puissance propres, qui sont aussi *sa* vérité, *son* universalité. Espérons seulement que de plus en plus de Canadiens français réellement souverains (de cette *autre* souveraineté) seront tentés de suivre cette troisième voie, celle de l'écart créateur, laquelle ne s'enseigne que très mal puisqu'elle doit être découverte et arpentée par chacun, en suivant des chemins parfois sinueux, comme ceux de Rousseau dans ses *Rêveries*.

L'autre chemin

Moi seul j'erre sans but précis
comme un sans-logis.
[…]
Tout le monde a l'esprit perspicace,
moi seul ai l'esprit confus
qui flotte comme la mer, souffle comme le vent.
[…]
Moi seul, je diffère des autres hommes
parce que je tiens à téter ma Mère.

LAO-TSEU, Tao-tö king

Deux routes s'ouvraient devant lui : l'une large et
droite, solidement jalonnée de préceptes, de restrictions, d'austérité, de sacrifices ternes ou sanglants
[…] L'autre se montrait dès le départ ondoyante et
diverse, se répandait en mille ramifications, s'allongeait au gré des désirs et des volontés, et versait sans
cesse à l'homme l'inépuisable illusion de la liberté et
de ses forces. Choisir !

ALAIN GRANDBOIS, Né à Québec

L'histoire de l'Occident est inséparable de l'histoire de la pensée qui aura fait de l'intelligence rationnelle le levier de son incroyable puissance et le pivot de sa représentation du monde. Cette représentation du monde aura ouvert la voie à la connaissance scientifique du monde matériel qui à son tour aura permis un développement sans précédent des moyens et des techniques pouvant agir sur lui et, de ce fait, conférer à l'homme occidental une puissance somme toute prométhéenne. Cette puissance issue de l'intelligence rationnelle n'a d'ailleurs pas épuisé toutes ses ressources, et il se pourrait fort bien que dans quelques millénaires l'homme d'aujourd'hui apparaisse comme la préhistoire de l'homme technologique de demain, qui aura peut-être, ici ou là par exemple, établi quelques colonies dans l'un ou l'autre des systèmes solaires voisins. Le développement accéléré de l'intelligence rationnelle aura en effet permis à l'Occident de se démarquer de toutes les autres civilisations, puis de les dominer, avant que celles-ci, s'emparant à leur tour du feu prométhéen, puissent prétendre le concurrencer sur son propre terrain : celui de la Puissance, par le biais de la science et de la technique.

Mais cette Puissance et cette lumière que jette sur les choses l'intelligence rationnelle laissent dans l'ombre tout un pan de l'expérience humaine. Car il y a bien à l'origine quelqu'*un* qui pense ou qui raisonne, qui fait l'expérience de la pensée en lui, cette pensée serait-elle des plus abstraites. Et ce quelqu'*un* naît, grandit, puis meurt, et toute sa vie, il traînera avec lui cette conscience *une* qui pourrait à la limite s'« expliquer », mais qu'il sera toujours seul à vivre en dépit de toutes les explications rationnelles (qui sont les mêmes pour tous), alors que lui, seul avec sa conscience, essaiera tant bien que mal de rejoindre quelques-uns de ses semblables et de s'expliquer avec eux – ce qui n'est pas toujours facile. Et quand bien même la raison humaine en viendrait à percer tous les secrets du monde phénoménal et à les exploiter rationnellement, cela ne donnerait pas pour autant un sens à la vie de ce quelqu'*un*, seul avec sa pensée et sa conscience. Quand bien même tout ce qui pourrait être su serait su, pourquoi *lui* vivrait-il, pourquoi persévérerait-il dans l'être, pourquoi apprendrait-il, aimerait-il et parlerait-il ? À quoi bon ? Le monde enfin connu sous toutes ses coutures a-t-il besoin que quelqu'*un* le connaisse, que quelqu'*un* foule de ses pieds dérisoires cette terre dérisoire à l'échelle du cosmos ?

Et si, dans une sorte de suicide aporétique cataclysmique, la raison humaine pouvait en venir à se passer de l'humain, c'est-à-dire de *chacun* d'entre nous, pour ne plus garder qu'un exemplaire générique expurgé de toute particularité, qu'adviendrait-il ? Eh bien ! il n'y aurait plus rien, ni humain ni conscience rationnelle : le désert, le silence, la paix éternelle, froide et minérale. À force d'écarter l'expérience intérieure de l'être pour le connaître rationnellement et le domestiquer dans ses manifestations extérieures, l'Occident, dans sa quête de puissance, frôle dangereusement ce point aporétique qui signerait sa ruine et sa fin. Or, les ravages de l'approche de ce point de basculement se font déjà sentir, et l'homme technologique moyen d'aujourd'hui est d'ores et déjà devenu un nain-du-rapport-à-l'être, un amputé-de-la-conscience, un pygmée-du-sentiment et un rabougri-de-l'esprit. Sur les ruines et les vestiges du rapport à l'être se développe aujourd'hui, partout en Occident, dans une apothéose du clinquant, de l'oubli de soi et du divertissement technologique et spectaculaire, le goût du néant.

Pourtant, si orgueilleuse soit-elle, la science ne saurait en aucun cas tirer l'être du néant. Telle est son impuissance originelle, tel est son néant. De son néant et de son impuissance fondamentale (la science ne saurait en aucun cas être Dieu), elle tire sa haine de l'être et de Dieu. Connaître les choses n'est pas connaître leur origine ; plus on s'approche de l'origine en remontant degré par degré la cause des phénomènes, plus cette origine s'obscurcit, car le mystère ultime sera toujours qu'il y ait de l'être plutôt que rien. La science cherche à connaître ce qui est pour ensuite l'utiliser à ses propres fins, mais elle ne *crée* pas ce qui est, elle l'utilise. Elle dérobe le feu à Zeus ; elle ne le crée pas – pas plus qu'elle n'est Dieu. L'être en ce sens demeure inexplicable – une énigme pour la science. L'*essentiel* demeure donc inexplicable ; tout au plus pouvons-nous faire l'*expérience de l'être* en s'abîmant dans le non-savoir, qui est une autre forme d'intelligence, une intelligence qui sympathise avec l'origine plutôt que de s'en écarter toujours davantage.

Mais comment retrouver ce rapport à la pensée qui est aussi rapport à l'origine, rapport à l'être ? Comment éviter que la pensée humaine, en se développant, en se diversifiant et en se spécialisant, ne renie son origine, cette origine de la pensée qui est l'écho premier de l'être ? Comment éviter qu'elle en vienne à oublier ce soi primitif qui aura fait l'expérience du surgissement de la pensée et de l'idée dans sa chair et sa conscience ? Comment éviter, enfin, que l'esprit humain ne soit asphyxié sous le poids des connaissances qu'il accumule depuis des siècles, alors que le fondement lui fait défaut et qu'il croit orgueilleusement pouvoir s'en passer, lui qui se méconnaît au fur et à mesure qu'il se remplit ?

Or, certaines œuvres pourraient peut-être nous aider à retrouver ce rapport originel à la pensée. Ces œuvres, qui se tiennent en rapport constant avec l'origine, établissent un rapprochement significatif entre la manière de se déplacer dans l'espace et la façon de se mouvoir dans la pensée. Cette analogie entre le mouvement et la pensée est beaucoup plus profonde qu'il n'y paraît de prime abord puisqu'en elle l'origine, le mouvement premier de la pensée, se fait encore entendre. En ce mouvement premier s'agite l'esprit toujours jeune, toujours neuf ; en son origine gît la « sauvegarde du monde », pour reprendre l'expression de Thoreau, une expression qui concerne d'avantage l'écologie de l'âme et son rapport menacé à l'être (à la source) que les mouvements écologistes contemporains, lesquels n'ont que faire de l'âme humaine (cette *espèce* menacée entre toutes).

Évidemment, on n'apprend pas à un enfant à trébucher, car on préfère généralement lui apprendre à se tenir debout et, si possible, à marcher en ligne droite. Par ailleurs, il faudrait se demander s'il est bon, pour un individu comme pour une civilisation, après quelques siècles de cette marche forcée en avant, de toujours suivre cette voie, celle du « droit chemin » balisée par Descartes dans le *Discours de la méthode,* laquelle ouvre la voie à une accumulation exponentielle des connaissances scientifiques et du progrès technologique. Car ne rencontrera-t-on pas un jour ou l'autre un mur ? Ou alors, si l'on arrive toujours bien quelque part de la sorte, se rappellera-t-on d'où l'on est parti, se rappellera-t-on de l'origine et de ce qui nous a mis en branle ? À moins que notre but ne soit de faire le tour du monde et de revenir d'où l'on est parti en allant toujours dans la même direction… Et, qui sait ? revenir dans la gloire chargé d'or, tel un nouveau maître du monde et de la nature ! Cependant, même chargé d'or (ou de connaissances si notre voyage en est d'abord un de l'esprit), est-il dit que la personne humaine (ou, si l'on veut, le sujet pensant) ne s'est pas égarée dans ce tour du monde ou ce tour des connaissances ? Et si nous avions, *nous, modernes,* perdu en cours de route le chemin de nous-mêmes, que pourraient bien valoir toutes ces richesses et toutes ces connaissances ? Ne serait-il pas bon alors, si tel était le cas, de revenir à ces « bois épais » et « interminables » évoqués par Thoreau, où il allait lorsqu'il sentait le besoin de se « recréer », ces mêmes bois où Rousseau allait se recueillir et où il pouvait enfin être dans ses promenades ce que la nature avait voulu qu'il fût, plutôt que de chercher, comme Descartes, à maîtriser cette dernière en en ayant une connaissance claire et rationnelle ?

Que Descartes, Rousseau et Thoreau se soient servis, quoique de manières fort distinctes, de cette analogie entre le déplacement dans l'espace et la pensée n'a rien d'anodin puisque dans les trois cas l'accent est mis sur l'expérience de la pensée auquel le mouvement dans l'espace fait écho – quoique chez Descartes l'expérience de la pensée peut finir par être occultée par l'accumulation des connaissances que lui procure sa « méthode ». Relire Descartes sous l'angle de cette « recherche de la vérité », c'est redécouvrir le sens de ces deux comparaisons : « comme un homme qui marche seul, et dans les ténèbres » et « aussi solitaire et retiré que dans les déserts les plus écartés ». Ces comparaisons sont tout aussi significatives pour l'intelligence du texte que le célèbre « comme maîtres et possesseurs de la nature », qui risque d'occulter la dé-*marche* originelle de l'auteur du *Discours*. Ces deux comparaisons du *Discours de la méthode*, occultées par sa sœur prométhéenne, Rousseau, le farouche promeneur solitaire, et Thoreau, le marcheur errant et ensauvagé, me permettront de les développer plus amplement, car, comme le disait Descartes lui-même, il ne s'agit pas seulement d'apprendre quelque « vérité », mais aussi et surtout d'apprendre à exercer son esprit et à se diriger dans l'existence.

Le « droit chemin » et l'expérience originelle de la pensée

Toutefois, il est vrai que Descartes est sans doute l'un des grands artisans et responsables de cette occultation. S'il se compare lui-même à cet homme « qui marche seul, et dans les ténèbres[1] », il prend soin d'ajouter que sa « circonspection » l'empêchera de « tomber ». Il entend, on le sait, « aller si lentement » et user de tant de prudence que jamais il ne déviera du droit chemin. Quant à vivre en Hollande « aussi solitaire et retiré que dans les déserts les plus écartés[2] », rien dans le *Discours* ne laisse croire qu'il en a souffert ou que sa raison jamais vacilla un seul instant, ni même qu'un quelconque démon l'eût visité pour le tenter comme Jésus dans le désert – à moins que sa tentation à lui ne fût précisément de croire en la toute-puissance de la raison humaine. Pourtant, cela faisait bien huit années, si on s'en tient à la

---

1. René Descartes, « Deuxième partie », dans *Discours de la méthode*, Paris, Gallimard, 2004.

2. *Ibid.*, « Troisième partie ».

chronologie interne de l'œuvre (qui du reste est assez exacte), que Descartes avait décidé de s'installer en Hollande dans une sorte d'exil volontaire, huit années que neuf ans de voyages çà et là en Europe avaient précédées. En 1637, lorsque paraît le *Discours de la méthode*, Descartes a quarante et un ans. Il s'est donc écoulé beaucoup de temps depuis le jour où il est sorti de la « sujétion » de ses précepteurs et où il a résolu « de ne chercher plus d'autre science, que celle qui se trouverait en lui-même, ou bien dans le grand livre du monde[3] ». Bien qu'il évoque ces années de fermentation et d'apprentissage qui ont précédé l'écriture du *Discours,* se pourrait-il que Descartes n'ait jamais donné toute la mesure de cette période où il ne fit « autre chose que rouler çà et là dans le monde[4] », « en faisant amas de plusieurs expériences », ouvrant ainsi la voie à une interprétation purement fonctionnelle et utilitariste de la « méthode », qui évacuerait du même coup tout le cheminement intérieur préalable et le parcours plus ou moins cahoteux d'avant l'établissement en Hollande ? Car, en nous faisant part si tôt dans la deuxième partie du *Discours* de cette « vraie méthode pour parvenir à la connaissance de toutes les choses » dont notre esprit est capable, ne se trouve-t-il pas à minimiser du même coup l'importance de ces années qui ont précédé l'écriture du *Discours,* quoiqu'il concède qu'elles lui ont permis de déraciner en lui bien des idées reçues et d'acquérir une certaine expérience en la méthode ?

Or, qu'est-ce qui fait la force de ce *Discours* et exerce une fascination si grande, des siècles après sa rédaction, sinon cette *voix* singulière et cette expérience qui s'affirment en creux et par-delà toute « méthode » (méthode dont l'infaillibilité est mise à rude épreuve lorsque Descartes se fait fort d'expliquer la circulation sanguine en suivant le

---

3. *Ibid.,* « Première partie ».

4. *Ibid.,* « Troisième partie ».

modèle d'une petite centrale thermique) ? L'une des premières idées que Descartes s'avisa de considérer dans ce fameux poêle où il s'arrêta un jour avait justement trait à la plus grande perfection des ouvrages et des législations composés par une seule main plutôt que par divers maîtres et législateurs. Par ces comparaisons, Descartes essaie de justifier et d'adoucir la radicalité de son expérience, expérience qui, rappelons-nous, consistera dans un premier temps à rejeter à peu près tout ce que l'on tient pour vrai, ce qui n'est quand même pas rien… À la fin du *Discours,* il ira jusqu'à affirmer ne pas vouloir qu'on l'aide dans ses travaux ; il dira même que la meilleure façon de l'aider est de le laisser travailler en paix, lui laissant ainsi tout le « loisir » qu'il faut pour achever l'ouvrage auquel il travaille, ouvrage qui consiste à rien de moins que de *connaître tout ce qui peut être connu,* et ce, par ses seuls moyens. Même si « le bon sens est la chose du monde la mieux partagée », on ne saurait nier que la façon dont Descartes a mené son esprit est on ne peut plus singulière. Cette singularité, il la revendique quand il dit être le mieux disposé pour continuer l'ouvrage qu'il a commencé. Et que dire de la désinvolture avec laquelle il envoie promener tout ce qui compose le savoir établi de l'époque, pour n'épargner que les mathématiques ? Les érudits et les savants ont dû rire jaune en lisant ce philosophe amateur qui avait eu l'audace de ne pas passer la plus grande partie de sa vie à piocher Aristote et saint Thomas d'Aquin. Sans l'affirmation de la singularité de son expérience, sans la désinvolture et l'irrévérence de celui qui ne voulait plus chercher la vérité qu'en lui-même ou dans le grand livre du monde, la valorisation seule de la Raison aurait-elle suffi pour mener à bien cette « réforme de l'esprit » qu'il appelait de ses vœux ? On peut en douter…

Pourtant, ce ne sont pas tant cette singularité et cette irrévérence que l'on retient généralement du *Discours de la méthode.* Ce sont plutôt cette image du « droit chemin » et la valorisation de la connaissance rationnelle et scientifique qui l'accompagne qui se sont imposées, et que Descartes a lui-même imposées (mais peut-être aussi a-t-il cherché à *se* les imposer pour en finir avec ces neuf années de voyages qui s'étaient écoulées sans qu'il eût pu prendre « aucun parti, touchant les difficultés qui ont coutume d'être disputées entre les doctes, ni commencé à chercher les fondements d'aucune philosophie plus certaine que la vulgaire[5] »). Mais cette image du « droit chemin » dans la conduite de l'esprit n'entre-t-elle pas en contradiction, du moins en partie, avec ces années de voyages où il roula « çà et là dans le monde » ? Le véritable itinéraire de Descartes, tant celui évoluant dans l'espace que celui évoluant dans la pensée, ne serait-il pas beaucoup plus sinueux et cahoteux qu'on voudrait le croire, ou qu'il voudrait nous le faire croire ? Malgré toute sa « circonspection » et sa prudence, Descartes ne fut-il pas ce philosophe assez fou et assez libre pour remettre en question tous les fondements à partir desquels on avait pris l'habitude de penser ? Assez libre pour se défaire de toutes nos représentations. Assez courageux et téméraire pour tenter de trouver de nouveaux fondements à la connaissance. Assez disponible pour « rouler çà et là » dans le monde pendant neuf ans… S'il avait vécu quelques siècles plus tôt, avant Copernic, Galilée et Colomb, ne se serait-il pas mis, comme les alchimistes, à la recherche de la pierre philosophale ? N'y aurait-il pas chez Descartes, au-delà ou en deçà de l'affirmation d'une méthode rationnelle, le *rêve fou* des alchimistes de connaître tout ce qui peut être connu et d'accomplir le grand œuvre en perçant les secrets de la nature ? Descartes sort du Moyen Âge philosophique et de l'errance chevaleresque en affirmant le principe de raison, en valorisant le « droit chemin » et en posant l'autonomie du sujet pensant ; or, pendant qu'il affirme la toute-puissance de la rationalité, le rêve fou des alchimistes continue de vivre en lui.

---

5. *Ibid.*, « Troisième partie ».

Cela dit, on ne saurait nier que c'est l'image du « droit chemin » qui s'est peu à peu imposée et qui a triomphé tant dans la philosophie de Descartes que dans le développement de la science et de la technique, qui allait connaître un essor sans précédent dans les siècles qui suivirent. Je me demande parfois si Descartes, outre les avantages qu'allaient offrir à l'humanité les connaissances acquises par sa « méthode », avait déjà réfléchi aux désavantages que celle-ci pourrait engendrer. En allant toujours tout droit dans une sorte de progrès continu des connaissances, en négligeant de revenir à la source et aux origines, le sujet pensant à peine affirmé et posé n'allait-il pas finir un jour par être étouffé sous le poids des connaissances accumulées, reléguant ainsi dans un lointain mythique et moyenâgeux la dé-*marche* originelle et originale de l'auteur du *Discours* ? On comprend aussi, parmi les risques inhérents à la « méthode », que Pascal ait pu reprocher à Descartes de n'avoir eu besoin de Dieu que pour mettre en branle le monde qu'il allait par la suite essayer de comprendre par la seule raison. On pourrait aussi dire qu'ayant prouvé rationnellement l'existence de Dieu, Descartes n'avait plus besoin d'y penser. Or, il me semble que Descartes avait entrevu ces risques, du moins en partie, lorsqu'il incitait à la fin du *Discours* ses lecteurs avides de connaissances (pas n'importe lesquels) à essayer « de trouver d'eux-mêmes tout ce qu'il [pensait] avoir trouvé ». De la sorte, ils exerceraient leur esprit et pourraient par la suite continuer à progresser par eux-mêmes. En écrivant : « Comme pour moi je me persuade que, si on m'eût enseigné dès ma jeunesse toutes les vérités dont j'ai cherché depuis les démonstrations, et que je n'eusse eu aucune peine à les apprendre, je n'en aurais peut-être jamais su aucunes autres[6] », Descartes ne se trouvait-il pas à inciter les plus téméraires de ses lecteurs à prendre la clé des champs comme

---

6.   *Ibid.*, « Sixième partie ».

il l'avait fait jadis, refusant l'emprise de toutes les autorités établies, la sienne y compris, pour ne plus chercher la vérité qu'en eux-mêmes « ou bien dans le grand livre du monde » ?

Les chemins écartés de la pensée et du non-savoir

> *Connaître, c'est ne pas connaître :*
> *Voilà l'excellence.*
> *Ne pas connaître, c'est connaître*
> *Voilà l'erreur.*
>
> LAO-TSEU, *Tao-tö king*

> *Si quelqu'un s'imagine connaître quelque chose, il ne connaît pas encore comme il faudrait connaître.*
>
> PAUL, *Première épître aux Corinthiens*

Or, l'un des problèmes de notre époque, près de quatre siècles après la première publication du *Discours de la méthode,* ne serait-il pas de répondre à toutes ces questions dont Descartes avait cherché la démonstration avant même que celles-ci ne soient posées par un sujet quelconque, faisant ainsi de la connaissance scientifique et rationnelle du monde une nouvelle religion dont l'adhésion n'est jamais remise en question et dont les fondements philosophiques chers à Descartes, à vrai dire indispensables (le sujet pensant, Dieu), apparaissent de plus en plus comme des anachronismes, quand ils ne sont pas tournés en dérision ? Que nous connaissions aujourd'hui dans une très large mesure « la force et les actions du feu, de l'eau, de l'air, des astres, des cieux et de tous les autres corps qui nous environnent, aussi distinctement que nous connaissons les divers métiers de nos artisans[7] », comme le souhaitait Descartes, cela ne nous

---

7. *Ibid.,* « Sixième partie ».

aide en rien à répondre à la question cruciale et pathétique que posait Rousseau au début de ses *Rêveries* : « Mais moi, détaché d'eux et de tout, que suis-je moi-même[8] ? » Cette question, chacun devrait être amené à se la poser un jour ou l'autre dans sa vie. Pourtant, on pourrait aisément ne pas même *vouloir* se la poser, s'illusionnant sur soi et sur sa puissance, jouant en quelque sorte au petit maître de la nature et des choses, en pleine possession de soi et du monde : devant son téléviseur ou son ordinateur, au bureau ou autrement.

Pour répondre à la question que posait Rousseau au début de ses *Rêveries* ou pour connaître la nature autrement que selon le modèle mathématique, Rousseau et Thoreau, qui pourraient ici servir d'exemples aux déserteurs de demain, seraient d'avis qu'il faut cultiver notre asocialité, prendre la clé des champs et s'écarter du « droit chemin » balisé par Descartes – ce « droit chemin » qui, avec l'essor de la modernité et de la rationalité scientifique qui l'accompagne, allait devenir de plus en plus étroit, contraignant et desséchant pour l'intériorité vivante du sujet pensant. Pour faire retour sur soi et pour donner une certaine densité sensible et existentielle à ce sujet pensant, Rousseau et Thoreau se sont écartés, tant dans les itinéraires qu'ils ont suivis et proposés à leurs lecteurs que dans la marche de leur esprit, des règles pour la « bonne conduite » de la raison proposées par Descartes. En circonscrivant leur déplacement dans l'espace plutôt que de proposer une ligne droite qui nous ferait faire le tour du monde et des connaissances, Rousseau et Thoreau ont valorisé, au lieu de l'accumulation des connaissances positives, l'approfondissement de certaines questions telles que : « Que suis-je moi-même ? » « Où suis-je ? » « Qu'est-ce que la nature ? » Ainsi, ils sont restés à l'affût de l'origine et de l'écho premier de la pensée.

---

8. Jean-Jacques Rousseau, « Première promenade », dans *Les Rêveries du promeneur solitaire*.

En relisant la *Septième promenade* des *Rêveries du promeneur solitaire,* on s'aperçoit également que la rêverie et la promenade telles que Rousseau les pratique s'éloignent considérablement du projet cartésien de mainmise sur la nature. Que je sache, Descartes n'a jamais parlé de ces « extases » que suscite en l'homme sensible cet « accord » avec la nature qu'évoque Rousseau. Peut-être était-il trop occupé à faire en sorte que la nature serve aux fins de l'homme pour jouir de « l'immensité de ce beau système » auquel notre promeneur solitaire s'identifie. La rêverie, contrairement à l'« exercice de la droite raison », ne cherche pas à arriver à des conclusions systématiques et définitives, encore moins à en tirer un profit immédiat. Errant sur les ailes de l'imagination, voici ce qu'écrit Rousseau au sujet de la direction que prennent généralement ses rêveries : « Quelquefois mes rêveries finissent par la méditation, mais plus souvent mes méditations finissent par la rêverie, et durant ces égarements mon âme erre et plane dans l'univers sur les ailes de l'imagination dans des extases qui passent toute autre jouissance. » À cette façon non finalisée de se mouvoir dans la pensée, en errant et en s'égarant « sur les ailes de l'imagination », correspond une manière de se mouvoir dans l'espace tout aussi gratuite et contreproductive. Par exemple, la botanique n'est-elle pas cette « oiseuse occupation » qui permet à Rousseau de se promener et d'errer « librement d'un objet à l'autre[9] » ? Et que dire de cette barque au fond de laquelle Rousseau s'allongeait et qu'il laissait « dériver lentement au gré de l'eau, quelquefois pendant plusieurs heures, plongé dans mille rêveries confuses mais délicieuses[10] » ?

Cette *dérive* improductive de ses promenades, Rousseau la revendique. Et lorsqu'il s'écrie qu'« on ne voit plus dans

---

9. *Ibid.,* « Septième promenade ».

10. *Ibid.,* « Cinquième promenade ».

les plantes que des instruments », on ne saurait faire autrement que de penser au célèbre « comme maîtres et possesseurs de la nature », véritable refrain des temps modernes contre lequel Rousseau le rêveur et le primitif était déjà entré en guerre. La « contemplation pure et désintéressée » est nécessaire à l'essor de la rêverie. Lorsqu'il marche « nonchalamment dans les bois et les montagnes », Rousseau se trouve à mille lieues de « ces tournures d'esprit qui rapportent toujours tout à notre intérêt matériel, qui font chercher partout du profit ou des remèdes[11] ». Remarquons au passage que c'est ce même désintéressement et cette même gratuité qu'il valorise dans le domaine moral, là où Descartes n'avait réussi dans son *Discours* qu'à reprendre quelques préceptes de la morale stoïcienne pour s'adapter aux mœurs du pays où l'on se trouve ou pour se donner une résolution factice et une plus grande maîtrise sur ses désirs. Cette dérive contre-productive de la rêverie ne devrait cependant pas nous faire oublier qu'elle peut aussi mener à quelque résultat, comme à une plus grande connaissance de soi, par exemple, connaissance que Rousseau ne cesse d'approfondir dans ses *Rêveries*. Nous pourrions même nous demander si le séjour dans ce que Thoreau appelait « notre savoir négatif » (séjour rendu possible par la promenade et la rêverie contre-productives) n'est pas un milieu de prédilection à l'élaboration et au surgissement des idées, ou du moins à ces sortes d'illuminations qui s'en approchent – comme quand Rousseau évoque, dans la *Cinquième promenade,* ce « sentiment de l'existence dépouillé de toute autre affection » dont il jouissait sur l'île Saint-Pierre et qui ressemble drôlement à la conscience absolue de soi dont parlent certains philosophes. Mais ici, cette « idée » acquiert une épaisseur et une résonance sensible dont les livres de philosophie sont la plupart du temps exempts.

---

11. *Ibid.,* « Septième promenade ».

* * *

Dans le sillage de Rousseau, Thoreau, cet autre promeneur solitaire, se révoltait quant à lui dans son petit traité sur
la *Marche* contre l'accumulation de ce savoir essentiellement
positif propre à notre époque et à l'essor de la rationalité
scientifique, qui cache le plus souvent une ignorance essentielle de la réalité ontologique dans laquelle nous baignons et
son occultation galopante. À la « Société pour la Diffusion
du Savoir Utile », Thoreau eût souhaité opposer une
« Société pour la Diffusion de l'Ignorance Utile ». Défiant et
farouche, il demandait à ses contemporains : « Qu'est donc
notre soi-disant savoir fanfaron, sinon la vanité éprouvée à
savoir quelque chose qui nous dépouille de notre véritable
ignorance ? » Et il ajoutait, se rapprochant ici du Socrate qui
savait ne pas savoir : « Ce que nous appelons savoir est souvent notre ignorance positive, et l'ignorance notre savoir
négatif[12]. » Pour Thoreau, la connaissance positive était loin
d'être le plus haut point que l'esprit humain pût atteindre.
Le non-savoir philosophique originel et la « sympathie avec
l'Intelligence » étaient sans nul doute de plus hautes distinctions. Mais l'homme moderne, de plus en plus domestiqué
et dévitalisé, enclos dans le clos qu'il s'est lui-même
construit, ne s'est-il pas déjà trop éloigné de ce « savoir négatif » pour être en mesure de s'élever à cette « sympathie avec
l'Intelligence », cette intelligence plus qu'utile, peut-être
divine ? Pourrait-il, cet homme moderne, en se faisant
« marcheur errant » comme Thoreau, retrouver le sentiment
de son « existence absolue » et se rendre attentif à cette
nature qui ne demande pas qu'à être domestiquée, mais qui
pourrait aussi libérer le sauvage qui gît en lui et le rendre à sa
liberté première ?

Ainsi, pour retrouver cette « liberté absolue » et cette

---

12. Henry David Thoreau, *De la marche*, trad. Thierry Gillybœuf, Paris,
Mille et une nuits, 2003, p. 56.

sympathie avec l'intelligence, Thoreau s'est fait marcheur errant et a écrit un petit traité, *De la marche,* pour nous dire en quoi consiste cette chevalerie « d'un nouvel ordre[13] ». Selon lui, chaque balade devrait être entreprise « dans un esprit d'aventure éternelle, sans retour ; prêt à ne renvoyer que nos cœurs embaumés ». S'il veut reconquérir cette terre sainte dont nous foulons chaque jour le sol sans nous en apercevoir, le marcheur errant doit lui aussi, comme le promeneur solitaire, se départir « de toute contingence matérielle ». Nulle richesse ne peut acheter l'indépendance et le temps que requiert cette noble profession. Thoreau se demandait dans son petit traité comment les gens faisaient pour ne pas se suicider tandis qu'ils devaient passer toutes leurs journées au bureau ou dans leur boutique. Ils avaient bien du mérite, se disait-il… Quant à lui, il préférait aller là où l'État, l'Église, le négoce, l'école et l'industrie occupaient le moins de place possible dans le paysage. C'est là, loin de tout ce qui fait de l'homme un « être fait pour la société », que Thoreau aimait à se promener, pour se retrouver, certes, mais aussi pour se recréer en reprenant contact avec la nature, c'est-à-dire avec l'origine : « Quand je veux me recréer, je cherche le bois le plus sombre, le plus épais et le plus interminable, et, pour les citadins, le plus lugubre marécage. J'entre dans un marais comme en un lieu sacré – un *sanctum sanctorum.* Il y a là la force – la moelle de la Nature[14]. » Ce goût pour la nature sauvage, Thoreau le transposera dans le domaine de la culture en affirmant que seul le sauvage nous y attire et que l'ennui n'est que l'autre nom pour la vie domestique.

Ne pouvant résister à cet appel de la « liberté absolue », Thoreau s'est rendu compte un jour qu'il commençait presque toujours ses promenades en se dirigeant vers l'ouest

---

13. *Ibid.,* p. 7 et 9.
14. *Ibid.,* p. 9, 11 et 42.

ou le sud-ouest. En allant dans cette direction, d'une certaine manière, il va vers toujours plus de sauvagerie, mais cette sauvagerie est aussi une source, une origine, un nouvel Orient. Amant de l'Origine tout comme Rousseau, Thoreau souhaite retrouver la source de l'être, mais (et cela est capital) il y retourne en préservant, en exacerbant et en approfondissant son individualité, une individualité qui est l'écho d'une liberté et d'une sauvagerie irréductibles. Thoreau et Rousseau remettent donc en question l'Occident et son projet de domination de la nature, mais ils le font en préservant l'individu, qui est certainement l'une des plus belles inventions de cet Occident qu'ils contestent par ailleurs. Cet individu n'est certes pas le « maître du monde », mais celui en qui le monde se reflète, et s'il s'écarte de la foule et de la quête effrénée de puissance, c'est parce qu'il suit un *autre* chemin : un chemin de liberté et d'ouverture pensante, et non de domination.

Thoreau explique cet itinéraire, celui qu'il suit en allant vers l'ouest, en disant que, pour lui, l'avenir et la vie sauvage se trouvent dans cette direction ; c'est là, écrit-il, que « repose la sauvegarde du monde ». Cette idée de la « sauvegarde du monde » est selon moi très importante pour comprendre la pensée de Thoreau et l'itinéraire qu'il prend spontanément. Quoiqu'il s'emporte parfois et dise *rêver* « d'un peuple qui commencerait par brûler les clôtures et laisser croître les forêts[15] », Thoreau ne propose pas un retour à la nature au sens strict ni un retour à l'âge de pierre, pas plus que Ringuet ne proposait que le paysan restât attaché à ses trente arpents de terre jusqu'à la fin des temps. Thoreau remet en question l'idée de progrès et la mainmise de l'homme sur la nature au nom d'un ressourcement continuel de la culture et des individus. C'est ce *ressourcement* qui permet la « sauvegarde du monde ». Sans ce dernier, Thoreau croit que les hommes

---

15. *Ibid.*, p. 36 et 17.

seront un jour confondus avec les instruments dont ils se seront servis pour domestiquer la nature ; les civilisations se dessécheront peu à peu ou alors s'emballeront en une sorte de productivisme effréné dépourvu de sens, de direction et d'au-delà. Bien sûr, tous n'abritent pas en eux un tigre solitaire et souverain, mais ce n'est pas une raison pour faire un mouton de chacun… Le marcheur errant est celui qui veille à la « sauvegarde du monde ». Il rôde autour de la Cité, cherche les traces de la terre sainte qui gît étranglée, oubliée, domestiquée.

Plutôt que de faire le tour du monde et des connaissances, le marcheur errant et le promeneur solitaire hantent les lieux qui les entourent, rôdant non loin des villes et des villages, arpentant sans relâche cet *autre* chemin que leurs pas et leur pensée ont défriché. Ils y découvrent alors (approfondissant toujours plus le lieu de leur séjour) une nature incommensurable, tout autre que celle décrite dans nos actes de propriété. Plutôt que d'accumuler des connaissances utiles, ils découvrent l'insuffisance de tout ce que nous appelions « savoir » auparavant. Les cieux sont plus hauts et la terre plus riche qu'on ne le croyait. Sympathisant avec l'intelligence, ils s'attardent en des sentiers sinueux, tels des sourciers aux sources de l'être. Ce sont à ces sources que Thoreau et Rousseau ne cessent de revenir (qu'il s'agisse du soi, de la conscience, de la liberté absolue, de la nature incommensurable ou du principe à l'œuvre dans tout ce qui est) en s'écartant du « droit chemin » et de la conduite de la « droite raison ». En cela, ils désavouent la « méthode » proposée par Descartes, l'orientation générale de notre civilisation et la marche des temps modernes ; peut-être cependant sont-ils plus près qu'on ne le croit généralement de la dé-*marche* originelle de l'auteur du *Discours,* qui perdit, il est vrai, beaucoup de temps à voyager et à séjourner en Hollande avant d'écrire son fameux ouvrage.

Mais pour nous qui, aujourd'hui, cherchons la source d'une *autre* modernité, ne nous faudra-t-il pas à notre tour, pour retrouver l'origine, l'écho premier de la pensée, quitter ce « droit chemin » balisé par la science et la technique, errer et rêver à notre guise pour que se dessine, environné des brumes de notre « savoir négatif », un *autre* chemin, *notre* chemin ? Écarté et tortueux, nous le suivrons néanmoins, même si c'est en trébuchant… Qui sait si, en chemin, nous ne rencontrerons pas quelque déserteur, dont le regard fait penser à demain ? Ce regard qui était peut-être aussi celui des premiers colons français venus s'établir au Canada, « pour refaire [leur] vie et devenir [leur] maître », comme dira le père Didace au Survenant dans le roman de Germaine Guèvremont…

Du « colon déserteur » au « Canadien errant » moderne

Contrairement à l'expérience anglaise en sol américain, l'expérience française en Amérique du Nord fut sinon un échec, du moins une sorte d'aventure démesurée et inconséquente, dont l'hypertrophie de son « empire » jalonné d'avant-postes dégarnis ne saurait cacher les efforts intermittents de la métropole pour sa colonie réduite à des secours minimaux et à une immigration parcimonieuse. Nous savons en outre que la faiblesse numérique de la Nouvelle-France ouvrit la voie à la conquête anglaise et que le désintérêt de la métropole pour sa colonie consacra sa cession définitive à l'Angleterre. Néanmoins, cette expérience américaine, toute bancale et disproportionnée qu'elle fut, aura permis à quelques milliers de Français contemporains de Descartes d'échapper dans une certaine mesure au développement du rationalisme philosophique européen, lequel accéléra la révolution scientifique en cours depuis la Renaissance et prépara sans doute les révolutions sociales qui allaient en leur temps ébranler l'Europe, et la France tout particulièrement.

En immigrant au Canada, ces Français se trouvèrent

confrontés à un immense continent habité par quelques peuplades indiennes, nomades pour la plupart. Ces colons, dépositaires d'une des cultures les plus raffinées et avancées du monde occidental, même s'il s'agissait pour la plupart de paysans ou de petits artisans, se trouvaient ramenés par leur exil volontaire à ce que nous pourrions appeler le « degré zéro de la civilisation », devant tout reprendre à neuf, comme si les siècles de civilisation européenne n'avaient jamais eu lieu, quoiqu'il leur restât des outils, une langue et une foi venus de l'Ancien Monde (ce qui n'est évidemment pas rien), mais qui, face à l'inconnu dans lequel ils s'enfonçaient, étaient comme frappés d'irréalité par la discontinuité historique et géographique dont ils faisaient l'expérience. C'est en ce sens que le Nouveau Monde, du moins à ses débuts, n'est pas tant un progrès par rapport à l'Ancien Monde qu'un retour à l'origine, une reprise de la genèse du monde et des civilisations humaines, un recommencement, et non une évolution, qui courbe dangereusement la ligne du temps et de l'Histoire. Tandis que le domaine du non-su et de l'inconnu reculait partout en Europe sous la poussée d'un nouveau rationalisme scientifique et philosophique, ceux qui partaient pour l'Amérique, les « déserteurs », les « aventuriers » et les « missionnaires », s'enfonçaient dans le non-savoir et la non-histoire, soit un inconnu radical, incommensurable. Ils expérimentaient de ce fait un *autre* chemin de pensée et une *autre* histoire, en quelque sorte extraeuropéens, bien qu'issus du développement et de l'expansion des grandes nations européennes.

Les explorateurs canadiens du territoire américain et les coureurs des bois exacerbèrent cette tendance à la dispersion et à l'errance qui caractérisa l'expérience française en Amérique en s'enfonçant toujours plus loin dans les territoires de l'Ouest et du Sud. Ils se rapprochèrent ainsi dangereusement de ce que Thoreau appelait la « vie sauvage », s'écartant chaque jour davantage de la vie « civilisée » et de la « paroisse ». Ne suivaient-ils pas d'ailleurs le même chemin que Thoreau en allant vers l'ouest et le sud-ouest, vers toujours plus de sauvagerie – cette sauvagerie qui pourrait aussi devenir un nouvel Orient ? Et les plus audacieux ne cherchaient-ils pas concrètement cet Orient, cette mer de Chine qui se dérobait sans cesse ? Qui sait si le coureur des bois n'aura pas été en son temps une sorte de marcheur errant radical, un apostat précoce de la modernité rationaliste, un amant prématuré de l'autre modernité et de l'origine du monde ?

Peut-être l'aura-t-il été, mais à son insu, instinctivement plus que consciemment... S'il lui arrivait parfois de se sentir le maître du monde dans ses folles équipées, ce n'était pas parce qu'il le dominait du haut de ses connaissances scientifiques ou de sa puissance technologique, mais parce qu'il s'y était jeté, qu'il s'y était en quelque sorte abandonné et perdu, qu'il avait fui sans retour possible l'histoire européenne et la communauté paroissiale, et qu'il pouvait désormais s'écrier comme Radisson dans son ivresse au milieu de la forêt vierge : « Nous étions des Césars, sans personne pour nous contredire[16]. » Souverain, le « bon sauvage » européen, métamorphosé en explorateur et coureur des bois, retrouvait enfin ses aises et sa liberté inentamée au cœur de la forêt américaine.

Étonnamment, ce sont les Anglais, peut-être plus pratiques, plus terre-à-terre, mais aussi et surtout plus nombreux, qui ont le mieux transposé en sol américain le projet prométhéen de mainmise sur la nature que l'on trouve chez Descartes. Bien sûr, les Français devenus Canadiens défrichèrent et cultivèrent le sol, commercèrent et échangèrent, établirent des cartes géographiques et maritimes. Mais cette entreprise de domestication de la nature resta toujours plus ou moins bancale, incertaine, voire minée par une tendance

16. Cité par Lionel Groulx, dans *Notre grande aventure*, Montréal, Fides, [1958] 1976, p. 77.

inverse propice à la dispersion et la déterritorialisation : certains, les missionnaires, partaient édifier et convertir les nations indiennes ; d'autres, plus nombreux encore, les coureurs des bois de toutes espèces, du plus noble au plus mercantile, s'enfonçaient dans le territoire américain, se perdaient dans les forêts interminables, au fil de l'eau, traitaient avec les Indiens, se mêlaient à eux, revenaient, puis repartaient, parfois restaient là-bas, très loin dans l'Ouest, épousaient une Indienne dont les enfants métis allaient se répandre dans les grandes plaines du couchant. « C'était un sort jeté sur eux », écrira Léo-Paul Desrosiers dans son roman *Nord-Sud*. « Des paysans que l'on aurait voulu enraciner au sol levaient les yeux, abandonnaient la glèbe. Plus loin, toujours plus loin, à travers des rapides et des îles par milliers, par-dessus des cataractes géantes, le fleuve les entraînait. [...] Ils revenaient à la terre natale, mais désormais leur cœur était avec le fleuve et avec l'aventure. [...] Ils avaient contracté un besoin d'imprévu, de mouvement, de pittoresque que ne pouvait plus satisfaire la paroisse tranquille[17]. »

Souvent associée au roman du terroir, la littérature canadienne-française d'avant la Révolution tranquille gardait pourtant l'empreinte de cette expérience américaine, au fond assez déroutante et ex-centrique, de dispersion et d'errance. On trouve cette empreinte dans le roman *Nord-Sud* de Léo-Paul Desrosiers que je viens de citer, mais on pourrait aussi mentionner *Les Engagés du Grand Portage* du même auteur, publié en 1938 chez Gallimard. La littérature canadienne-française, même lorsqu'elle était illustrée par des auteurs qu'on peut à bon droit juger plus traditionalistes, ne chantait donc pas que le terroir, l'enracinement ou la vie paroissiale, car elle était aussi et contradictoirement un appel au déracinement, à l'errance et à l'aventure, ce dont *Le Survenant* (1945) de Germaine Guèvremont

---

17. Léo-Paul Desrosiers, *Nord-Sud*, Montréal, Fides, [1931] 1960, p. 174.

témoigne admirablement, avec certains romans de Desrosiers. Même si, pour ce faire, cette littérature empruntait plus souvent qu'à son tour une vision nostalgique du passé (mais Rousseau, avec tout son primitivisme, n'est-il pas le plus grand des nostalgiques, comme quoi il ne s'agit pas nécessairement d'un vice littéraire ?), un autre chemin que la vie paroissiale était esquissé à travers ces romans déterritorialisants dont *Né à Québec* (1933) et *Les Voyages de Marco Polo* (1941) d'Alain Grandbois sont, par leur souffle épique et stylisé, les plus belles réussites – des réussites qui n'ont ici plus rien à voir avec le terroir, mais tout avec le goût du risque et de l'aventure : « Ses autres compagnons, Jolliet les connaissait. Jolliet les avait déjà choisis. Ils voyageaient là-bas, sur les grands lacs. C'étaient des hommes dont les prunelles brûlaient d'un feu sombre. Ils possédaient, plus que le goût du négoce, de l'alcool et des sauvagesses, celui du risque et de l'aventure[18]. » Louis Jolliet, qui découvrit le Mississippi et l'intérieur du continent américain, qu'aucun Européen n'avait alors parcourus, trouva dans *Né à Québec* une plume digne de ses aventures, de son audace et de ses obscurs compagnons. Cette plume ferme et raffinée est celle d'Alain Grandbois, lui-même grand voyageur, à qui Paul Toupin dédiait ses *Souvenirs pour demain*.

Cette ambiguïté au cœur de l'expérience américaine des Canadiens français, déchirés entre enracinement et déracinement (mais aussi entre religion révélée et saut dans l'inconnu, comme chez Saint-Denys Garneau), va si loin que même un auteur aussi traditionaliste que Lionel Groulx, lequel aura loué plus que tout autre la cellule paroissiale comme matrice de l'identité canadienne-française, eh bien ! le chanoine Groulx aura écrit l'une des monographies historiques les plus enivrantes qui puissent s'écrire sur les découvertes et les explorateurs qui ont contribué à l'édifica-

---

18. Alain Grandbois, *Né à Québec*, Montréal, Fides, [1933] 1962, p. 129.

tion de l'empire français d'Amérique, cet empire démesuré et éphémère que Groulx admire tout en voyant sa lacune essentielle, qui tient au nombre plus qu'à l'idée. (Rappelons que cet empire disproportionné couvrit en son temps près des deux tiers de l'Amérique du Nord, de l'Acadie aux montagnes Rocheuses, du nord du Québec à l'embouchure du Mississippi, mais qu'il ne pouvait compter que sur une poignée de soldats et leurs alliés indiens pour se défendre.) Atteint malgré lui par cette ambiguïté, Groulx, qui tant loua le défricheur et le laboureur, écrit dans *Notre grande aventure* cette justification discrète du déserteur qui n'est pas loin de l'éloge :

> L'immigrant français qui, un jour, s'est résolu à quitter le vieux pays, a cédé, en somme, à la tentation du risque, à l'appât, à l'espoir d'une vie meilleure : espoir qui n'allait point sans l'énergique détermination d'affronter de redoutables périls et les plus durs labeurs. Autant dire qu'en tout colon qui nous est venu d'outre-mer, se retrace un aventurier en puissance. Cet aventurier, mettez-le en face du pays que nous avons décrit plus haut, pays aux mille sortilèges, plein d'invites à toutes les dispersions. Et qui peut s'étonner que l'aventurier envolé un jour de France ne se sente des fourmis aux jambes ?

Enfin, qui aurait cru que même le chanoine Groulx, déjà âgé, pût être gagné par l'ivresse de la déterritorialisation en des passages comme celui-ci : « Résumons cette odyssée. Aventure d'un héros qu'aux temps antiques l'on eût dit poursuivi inlassablement par une implacable divinité. La Vérendrye se jetait, après d'autres, dans une entreprise sans issue possible. Le premier ennemi et le plus formidable qu'il lui faudrait affronter serait l'Inconnu-distance[19] » ?

---

19. Lionel Groulx, *Notre grande aventure,* p. 185 et 244.

En fait, cette tendance à la désertion et à la déterritorialisation à travers l'expansion démesurée d'un territoire – qui sera d'autant plus difficile à maîtriser et à domestiquer qu'il ressemblera davantage à un territoire en fuite, trop vaste pour être possédé, qu'à un pays dûment identifiable et délimité par ses frontières –, cette tendance va à l'encontre non seulement du projet moderne de domination de l'homme sur la nature qui se doit au premier chef d'asservir et de posséder un territoire, son domaine où il sera le maître (ce que Rousseau aura révélé par son image de la clôture), mais va encore contre le processus de consolidation des États nationaux européens, dont certains, comme la France, atteignent à l'âge classique une maturité et une *homogénéité* qui ne s'étaient encore jamais vues auparavant. Lionel Groulx n'aurait peut-être pas aimé cela, mais l'expérience française en Amérique ouvre la voie non pas à *La Naissance d'une race*, comme le laissait entendre le titre évocateur d'un de ses livres paru en 1930, mais à l'éclatement et à la dispersion de la « race » française en sol américain, qui non seulement aura pactisé activement avec l'« ennemi », avec l'« Anglais », pour bâtir et façonner le Canada moderne, mais cette « race », ou cette « nation », aura par la suite refusé à deux reprises, par voie référendaire, de se doter d'un État-nation dûment identifiable, préférant perpétuer cet état de dispersion et d'errance identitaires qui se trouve à l'origine de son expérience américaine.

* * *

Il peut paraître anachronique de parler aujourd'hui de ces aventuriers canadiens des premiers temps de la colonie qui, par leur désertion et leur appropriation toute relative du territoire, échouèrent à transplanter de façon convaincante en sol américain le projet prométhéen et européen de mainmise de l'homme sur la nature ; et qui, tout en menant la politique d'alliance européenne avec les nations indiennes la plus audacieuse et la plus poussée, furent les seuls descendants européens en Amérique à ne jamais s'être dotés d'un État-nation dûment identifiable selon les canons européens. Mais l'anachronisme n'est qu'apparent, puisque cette origine aura laissé des traces profondes dans la culture et la littérature canadiennes-françaises, de même que dans les choix politiques exprimés par leurs descendants : notamment celui de rester dans un pays, le « Canada », qu'ils auront été les premiers à découvrir, à explorer, à habiter et à nommer, puis, graduellement, à façonner avec les autres Canadiens.

Évidemment, pour nous qui vivons aujourd'hui en sol américain, arpenteurs d'une autre modernité, descendants plus ou moins archaïques des premiers « colons déserteurs » échappés de France, il ne saurait être question d'un retour à l'origine perdue (la France) ou d'un retour, proprement impensable, aux premiers temps de la colonie (avec toute la nostalgie du pays perdu qui l'accompagne). Car *actualiser* l'origine comme nous le faisons n'est pas effectuer un retour à l'origine perdue. Actualiser intelligemment l'origine, c'est faire preuve d'une *nostalgie prospective* et d'une mélancolie créatrice de nouveaux horizons de pensée.

Cela dit, ne serait-il pas possible, du moins par la pensée, puis par l'imagination et d'étranges déambulations plus oisives les unes que les autres, de reprendre de l'intérieur, en l'*intériorisant* le plus possible, cette expérience de dispersion et d'errance américaines ? Cette intériorisation qui ferait de nous des « Canadiens errants » modernes nous rapprocherait alors de la démarche non de Descartes (quoiqu'il y ait un Descartes précartésien, errant et contemplatif), mais davantage de celle d'un Rousseau ou d'un Thoreau, qui furent d'exceptionnels précurseurs de cette *autre* modernité, laquelle, en partant comme Descartes du sujet pensant, ne tente pourtant pas d'en faire le maître du monde, mais essaie plutôt d'approfondir cette présence au monde, une présence que sa maîtrise et sa puissance occultent parfois plus qu'elles n'éclairent.

Le Canadien errant moderne se débarrasserait alors à son tour, comme Thoreau ou Lao-tseu, de tout ce fatras de connaissances positives qui l'éloignent de sa véritable ignorance. Mais comme il vivrait en ce début du XXIe siècle, et que Thoreau n'avait en ce domaine encore rien vu de l'asservissement technologique auquel l'homme allait se livrer, il lui faudrait encore briser sans rémission possible sa dépendance aux nouvelles technologies qui, en le maintenant connecté en permanence à son réseau social, le dépouillent plus que jamais de son indépendance et de sa souveraineté naturelles, lesquelles ne demanderaient pourtant qu'à être actualisées. Dans ses promenades et errances contemporaines, en compagnie imaginaire de Rousseau, de Thoreau, de Lao-tseu et des premiers Canadiens, le Canadien errant moderne marcherait alors, dans une *liberté retrouvée,* vers le pays du non-savoir, ce pays de toutes les origines et de tous les recommencements, ce pays aux territoires en fuite d'où sourd la présence de l'être.

Le Canadien errant moderne, ce déraciné français du continent américain, pourrait alors faire cette étrange expérience d'un enracinement plus profond et plus ancien que l'enracinement national. Cette désertion et cette errance américaines, tout en le déracinant, lui ouvriraient ainsi l'accès à une autre forme d'enracinement, un enracinement dans l'être. À la suite de cette expérience qu'on pourrait qualifier de primordiale, le Canadien errant moderne trouverait son logis dans l'être, non dans la nation ; sa non-patrie deviendrait sa véritable patrie, car la patrie de l'être est la plus grande, la plus ancienne et la seule vraie patrie pour l'homme qui s'éveille et qui pense. L'identité la plus *profonde* de l'homme ne trouve d'abri nulle part, sinon dans l'Origine la plus obscure. L'origine nationale tout comme les langues nationales ne sauraient en aucun cas se substituer à cette Origine : elles ne sont grandes que dans leur rapport maintenu à cette Origine qui les dépasse et les déborde de toutes parts. L'« universalité » d'une culture nationale ou d'une langue réside dans ce débordement, dans cet éclatement de l'origine comme miroir de la nation, qui n'est jamais qu'un simulacre historique, humain trop humain, de l'Origine : origine du monde, origine de la pensée, origine de la conscience et du sujet.

*   *   *

En songeant au promeneur solitaire de Rousseau ou au marcheur errant de Thoreau, il m'arrive parfois de penser au peintre canadien-français Marc-Aurèle Fortin. Quoi qu'ait pu dire ou penser Marc-Aurèle Fortin, *sa peinture pensait* pour lui, et on peut dire qu'un peintre véritable et profond pense en peignant plus qu'en discourant ou en faisant des boutades. Marc-Aurèle Fortin était d'ailleurs taciturne. Mais il aimait beaucoup se promener : autour du mont Royal, inlassablement, d'où il peignait Montréal, ses clochers, le grand fleuve bleu et des nuages impossibles ; à l'île Sainte-Hélène, d'où il contemplait le port, la ville, le ciel, le fleuve, la montagne au loin et encore ces nuages grandioses ; puis à Hochelaga, d'où il observait les maisons agglomérées de toutes les couleurs, les cordes à linge tendues, les clochers et encore le fleuve et ces grands nuages blancs amoncelés.

Plus tard, lorsqu'il déménagea à Sainte-Rose, au nord de Montréal, il continua à se promener ; parfois, enfourchant sa bicyclette, il pouvait faire de plus longues distances, soit pour revenir à Montréal, soit pour découvrir l'arrière-pays, comme lorsqu'il séjourna au Saguenay. Dans ses continuelles pérégrinations et promenades solitaires, Marc-Aurèle Fortin fit probablement l'expérience intérieure de cet *autre* enracinement qui ne nous enracine que plus profondément dans l'être et la nature, là où se trouvent notre première patrie et la plus ancienne de nos origines. C'est cet enracinement ontologique, plus que national, que révèlent selon moi sa peinture, ses nuages blancs, ses vieilles maisons et ses grands ormes lumineux.

Marc-Aurèle Fortin est probablement l'un des penseurs les plus profonds que le Canada français traditionnel, dans ce qu'il avait de néanmoins ouvert à la modernité, ait jamais produit. C'est en pensant avec son pinceau, en se mettant à l'écoute de l'être et de son origine mystérieuse qu'il a pu créer, au milieu de ses promenades solitaires, cette mythologie des Grands-Arbres-Verts, ces demi-dieux, témoins de cette Nature incommensurable dont Rousseau et Thoreau firent l'expérience, témoins de l'humble vie des hommes se déroulant sous leurs hautes frondaisons, mais surtout, témoins de cette origine mystérieuse, de la vie et du temps.

Peindre et penser, penser et peindre ces Grands-Arbres-Verts, témoins exemplaires de cette ouverture à l'être, de son éclosion et de son frémissement lumineux, telle fut la contribution picturale et ontologique la plus marquante de cet inlassable promeneur que fut en son temps Marc-Aurèle Fortin, ce marcheur errant canadien-français si archaïque, si primitif au milieu des usines et des cheminées qui poussaient alors de toutes parts le long du canal Lachine. Archaïque et primitif, certes ! Et pourtant si jeune ! si nouveau, si neuf, parce qu'il se tenait, tel un homme nouveau avec son regard émerveillé, au milieu d'un monde toujours jeune, toujours nouveau, toujours en train de recommencer et de tendre vers le ciel ses grandes branches vertes et touffues, lourdes de vie et de lumière.

Épilogue

L'autre modernité et l'avenir de la culture canadienne-française

Les modernistes pressés et obnubilés par les avancées technologiques récentes qui croient que l'humanité en aura bientôt fini avec le « livre » (ils n'osent pas encore dire avec la « pensée » ou le « sens » mais c'est tout comme) sont des imbéciles, des païens qu'excitent les babioles de l'heure, des incultes qui croient que l'avenir de l'humanité se trouve *nécessairement* du côté de l'insignifiance et de l'exil ontologique (l'homme à jamais coupé de lui-même). Or, pourquoi l'humanité devrait-elle nécessairement régresser (cette *régression* – ne plus savoir lire, penser, parler, écrire, se concentrer, méditer – se faisant passer pour un *progrès* inévitable et exaltant) ? Et pourquoi n'y aurait-il plus d'autre horizon pour l'homme qu'économique et technologique ? Pourquoi l'humain, anachronique et désuet avec sa quête millénaire de sens, de dépassement et d'au-delà, devrait-il s'écarter et laisser sa place à une nouvelle espèce mieux adaptée, plus productive : l'animal machinique ? Il n'y a pourtant aucune justification civilisationnelle à cette négation de soi par soi. Le suicide est un acte individuel qu'il serait hasardeux d'étendre à l'espèce entière et à son effort de civilisation comme le voudraient dans leur aveuglement les modernistes béats.

Leur faisant face, certains croient que seules les « nations » (ils n'oseraient bien sûr invoquer la « religion », mais la nation est pour eux un ersatz de religion, une religion laïcisée et édulcorée) peuvent constituer un recours contre l'effritement du sens dans les sociétés modernes. S'il est vrai, jusqu'à un certain point, que les nations hébergent les œuvres et l'histoire d'un peuple, encore faut-il que cette histoire et ces œuvres puissent acquérir *une valeur et un sens pour l'individu d'aujourd'hui*, qui cherche avant tout sa propre affirmation et expression. (C'est Saint-Denys Garneau qui écrivait dans son *Journal* qu'on devait faire des hommes avec les Canadiens français et non l'inverse ; la hiérarchie des buts étant ici capitale.) Jouer la nation contre l'individualisme contemporain revient non seulement à nier le désir d'émancipation des individus, qui est l'effet le plus visible de l'essor de la modernité en Occident, mais c'est aussi et pernicieusement *condamner cela même qu'on voudrait défendre* en le figeant dans une représentation collective nationalisée. La culture ainsi « nationalisée » rebutera plus qu'elle n'invitera à une redécouverte et à une reprise intérieures par l'homme moderne issu de l'éclatement des sociétés traditionnelles – à plus forte raison s'il s'agit d'un « jeune » baignant dans la culture du divertissement postnationale : la seule façon de l'atteindre étant de le toucher personnellement, *dans sa quête et sa détresse inavouables.*

Pourtant, cet homme moderne aurait plus que jamais besoin de puiser *sens* et *profondeur* dans les œuvres du passé relevant de sa culture d'appartenance aussi bien que de la culture mondiale ; mais il ne le fera que si ces œuvres l'aident à devenir un homme, *aujourd'hui*, et non un exemplaire de la nation perdue, rêvée ou à venir. Si je croyais que la littérature canadienne-française n'avait aucun avenir ou qu'elle ne pouvait rien apporter à l'homme d'aujourd'hui, je n'aurais évidemment pas écrit ce livre. Je l'ai écrit au contraire en pensant à sa richesse, à ses tiraillements, à sa profondeur, mais aussi à ce qui la rend quelque peu archaïque et anachronique, voire provinciale. Cet *écart* par rapport à une certaine représentation de la modernité n'est pourtant pas, comme je crois l'avoir montré, sans valeur.

Or, cette *valeur* correspond à ce que j'appellerais l'*essence germinative* d'une culture, qui aurait le pouvoir d'enfanter de nouvelles œuvres dans son sillage, d'être réinterprétée et réinventée, contrairement à l'« essence nationale », qui se referme sur elle-même dans la répétition du même.

C'est à cette essence germinative que l'homme d'aujourd'hui pourrait revenir, sans pour autant renier le chemin parcouru, ce chemin qui aura permis l'apparition de l'individu dans des sociétés qui lui étaient autre-fois réfractaires. Mais alors, dira-t-on, pourquoi y revenir ? Peut-être pour éviter que le sens ne se perde en cours de route… Pour éviter que cette « émancipation » des sociétés traditionnelles ne s'épuise dans le vide et ne retombe dans de nouvelles servitudes et de nouveaux grégarismes. Enfin, parce que ces « œuvres du passé » font *vivre*, encore et tou-jours, font penser, rêver et désirer ; parce qu'elles touchent et interpellent la conscience et l'être de celui qui s'y ouvre.

En ce sens, l'avenir de la littérature canadienne-française ne me semble pas non plus résider dans l'édi-fication d'une nouvelle « littérature nationale » qui la rem-placerait et l'occulterait, et qu'on aurait rebaptisée du nom de « québécoise », mais dans la reprise personnelle et inté-rieure de l'*essence germinative* de la littérature canadienne-française, que l'on confronterait alors aux œuvres majeures de la littérature mondiale dans l'espoir qu'elle produise des œuvres nouvelles, à la fois singulières et universelles. En l'occurrence, la littérature canadienne-française (de même que les littératures française, allemande, polonaise, italienne, japonaise…) ne sera pas *sauvée* par un sursaut national, mais par sa recréation et son renouvellement à la faveur de démarches individuelles et solitaires. Seules ces démarches singulières pourront inspirer le solitaire d'aujourd'hui cherchant son chemin dans les décombres de la culture mondiale contemporaine, qui rend tout possible, le pire comme le meilleur.

Vue sous cet angle, *L'Autre Modernité* apparaît comme

un « essai », une tentative de réinterprétation et de recréation à l'usage des solitaires d'aujourd'hui et de demain qui ne peuvent se résoudre à rentrer sous la tente des « cultures nationales », mais qui refusent tout aussi bien de se fondre dans le vide et l'insignifiance de la culture de masse post-nationale, laquelle offre toutes sortes de versions locales du même. Laissant passer la caravane des modernistes à tous crins et des thuriféraires de la nation, l'arpenteur de l'autre modernité s'inventera alors, en suivant des chemins écartés, une sorte de « terroir intime », un « humus signifiant » personnel qu'il fécondera de l'apport d'œuvres majeures de la culture mondiale, créant de la sorte de nouvelles variétés de cultures, de nouvelles pousses bien enracinées, mais assez déliées pour viser cet horizon de sens et d'universalité auquel elles aspirent.

Mais alors, que fait cet arpenteur de l'autre modernité sinon façonner à sa manière son propre « territoire imaginaire de la culture », ce concept mis de l'avant en 1979 par les philosophes Michel Morin et Claude Bertrand dans leur livre *Le Territoire imaginaire de la culture* ? À une époque où les cultures nationales sont non seulement mises à mal par la mondialisation des échanges et la culture globalisée du divertissement, mais aussi par le désir légitime d'affirmation et de singularisation des individus propre à la modernité, chacun est en quelque sorte contraint d'inventer son propre « territoire imaginaire de la culture » en puisant aussi bien dans sa culture d'appartenance que dans celles qui composent l'ensemble de l'humanité pensante et signifiante. Les cultures nationales ne meurent pas pour autant dans ce grand brassage des cultures ; mais elles meurent si elles ne ressuscitent pas dans le cœur de l'homme qui se sera d'abord extrait de la gangue de la « pensée commune » et du confort identitaire pour en extraire ce que j'appelais à l'instant l'essence germinative.

C'est donc ce que j'ai tenté de faire avec les œuvres étudiées ici, qu'elles soient canadiennes, européennes ou américaines, petites ou grandes, oubliées ou trônant au sommet de la culture mondiale, ces œuvres m'auront permis de creuser cet écart réflexif propice au déploiement d'une idée : l'autre modernité, *ce pari insensé sur l'individu et le sens.* Car il semblerait de nos jours logique de les dissocier : le sens enseveli à jamais sous les ruines de la religion et de la culture ; l'individu moderne et émancipé errant sur la surface du globe ou naviguant dans son univers virtuel, délesté de tout au-delà (libre enfin ! Mais libre *pour quoi* ?). Or, l'autre modernité est un pari qui vise à maintenir la tension entre l'affirmation de l'individu propre à la « modernité » et l'appropriation *par ce dernier* de ce qu'il y a de plus substantiel dans la tradition culturelle et spirituelle d'une culture, d'un peuple ou d'une civilisation.

Par cette tension maintenue, j'ai cherché à m'éloigner des deux principaux écueils culturels contemporains : soit l'*intégrisme culturel,* qui condamne sommairement l'individualisme contemporain au nom d'un retour, sous une forme ou une autre, à la « pensée commune » ; et la *nigauderie contemporaine,* qui caractérise le badaud de la culture, celui qui fait n'importe quoi, n'importe comment, pour n'importe qui, et dont les œuvres, si elles s'écartent de la pensée et des formes traditionnelles, n'offrent pas pour autant le spectacle d'une « pensée personnelle » ou d'un style singulier. Entre l'intégriste antimoderne (qui ne s'avouera jamais) et le nigaud contemporain (qui s'ignore, mais ne craint pas de s'afficher dans toute sa candeur), le précurseur de l'autre modernité œuvre au dépassement de la dichotomie entre tradition et modernité en fondant dans son creuset intérieur un alliage inusité : il extrait, tel un nouvel alchimiste, les pépites d'or, les diamants et autres « noyaux signifiants » des œuvres de sa culture d'appartenance et de la culture mondiale, puis il les fond dans sa forge privée, y adjoignant quelques ingrédients plus personnels – son sang, ses angoisses, ses rêves, ses désirs. Le résultat est parfois déroutant ! Des figures inconnues à ce jour et des concepts inquiétants peuvent alors sortir de cette forge privée. Qu'il s'agisse du « moderne-archaïque » ou du « provincial émancipé », de la « ferme intérieure » ou du « monastère de l'avenir », de la « fratrie des isolés » ou du « Canadien errant moderne », tous sont en quelque sorte sortis de cette petite fournaise privée que je traîne avec moi, où s'engouffrent aussi bien mes lectures que mes pensées les plus solitaires.

Table des matières

Placée à l'enseigne « Liberté grande » en hommage à Julien Gracq, l'un des grands prosateurs de la langue française, cette collection, dirigée par Robert Lévesque, se consacre exclusivement au genre de l'essai ; d'ordre sociologique, historique, politique, ludique, libertaire, mélancolique ou poétique, ce sont des textes exploratoires, tous inédits, et avant tout des écrits personnels, évidemment libres, assurément littéraires.

CRÉDITS ET REMERCIEMENTS

Les Éditions du Boréal reconnaissent l'aide financière du gouvernement
du Canada par l'entremise du Fonds du livre du Canada (FLC)
pour leurs activités d'édition et remercient le Conseil des arts
du Canada pour son soutien financier.

Les Éditions du Boréal sont inscrites au Programme d'aide
aux entreprises du livre et de l'édition spécialisée de la SODEC
et bénéficient du programme de crédit d'impôt pour l'édition de livres
du gouvernement du Québec.

Ce livre a été imprimé sur du papier contenant 50 % de fibres recyclées postconsommation et 50 % de fibres certifiées FSC, certifié ÉcoLogo et fabriqué dans une usine fonctionnant au biogaz.

FSC
MIXTE
Papier
FSC® C100212

MISE EN PAGES ET TYPOGRAPHIE :
LES ÉDITIONS DU BORÉAL

ACHEVÉ D'IMPRIMER EN SEPTEMBRE 2013
SUR LES PRESSES DE L'IMPRIMERIE GAUVIN
À GATINEAU (QUÉBEC).

COLLECTION LIBERTÉ GRANDE

Simon NADEAU

L'Autre Modernité

Simon Nadeau questionne le passage à la modernité de la littérature et de la société québécoises, revenant aux œuvres d'écrivains solitaires qui prirent ombrage des Miron et Aquin. Dans leur inactualité apparente, ces textes de Pierre de Grandpré, Ringuet, Jean-Charles Harvey, Paul Toupin, Saint-Denys Garneau, n'ouvraient-ils et n'ouvrent-ils pas encore une voie à une autre conception de l'histoire de la littérature, une autre modernité ? Ces écrivains délaissés osaient une affirmation du moi au lieu du nous. Lecteur de Goethe, de Nietzsche, de Hesse, Nadeau élargit sa réflexion en dégageant la notion de modernité d'une trop forte adéquation avec le monde dit «moderne» qui occulte le noyau signifiant de la modernité : *l'émergence de l'individu, d'un espace intérieur, un terroir intime.*

9 782764 622827

ISBN 978-2-7646-2282-7

T2-EHE-250